LA FRANCE

DÉMOCRATIQUE.

Montmartre. — Imprimerie PILLOY frères et Cᵉ, boul. Pigale, 48.

LA FRANCE DÉMOCRATIQUE

PAR

F. DARTOL.

> Si de longues observations et des méditations sincères amenaient les hommes de nos jours à reconnaître que le développement graduel et progressif de l'égalité est à la fois le passé et l'avenir de leur histoire, cette seule découverte donnerait à ce développement le caractère de la volonté du souverain maître. Vouloir arrêter la démocratie paraîtrait alors lutter contre Dieu même, et il ne resterait aux nations qu'à s'accommoder à l'état social que leur impose la Providence.
>
> Alexis de TOCQUEVILLE, *De la Démocratie en Amérique*, Introduction.

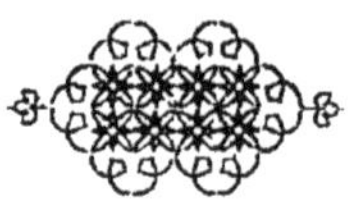

PARIS,

CHEZ GARNIER FRÈRES, AU PALAIS-NATIONAL;

ET CHEZ LES PRINCIPAUX LIBRAIRES.

1850

INTRODUCTION.

A aucune époque la démocratie n'a joué dans l'histoire un rôle aussi grand qu'aujourd'hui; à aucune époque elle n'a été attaquée avec autant de violence et d'acharnement.

Tout ce que des systèmes insensés, des ambitions coupables, des entreprises téméraires ont soulevé dans l'Europe de colère, de terreur, de défiance, est habilement exploité contre la démocratie. On la rend responsable non-seulement de tous les maux qu'ont causés les révolutions, mais de tous ceux qu'elles peuvent produire dans l'avenir, son nom est signalé à la France et au monde comme le synonyme de perturbation éternelle, de désordre permanent.

M. Guizot écrivait, il y a quelques mois à peine : « Le chaos se cache aujourd'hui sous un mot : *Démocratie*... Aurions-nous le privilége de toutes les impossibilités? Oui, tant que nous resterons dans le chaos où nous sommes plongés au nom et par le culte idolâtre de la démocratie; tant que nous ne verrons dans la société que la démocratie comme si elle était seule; tant que nous ne chercherons dans le gouvernement que la domination de la démocratie, comme si elle avait seule le droit et le pouvoir de gouverner. »

Qu'est-ce donc que cette démocratie effrayante, ce chaos éternel, cette source de toutes les impossibilités ? C'est le gouvernement de tous par tous, le gouvernement des États-Unis, de la Suisse, le gouvernement rationnel, légitime auquel aspirent aujourd'hui tous les peuples civilisés, et cette aspiration intelligente et universelle n'a certes pas de quoi soulever tant de haines et d'appréhensions.

Je ne puis m'imaginer qu'il y ait encore des hommes aux yeux desquels le pouvoir appartient de droit à une famille, à une caste; ces hommes penseraient-ils avec Boulainvillers, avec Montlosier, qu'il y a sur le sol de la France deux races irréconciliables, des Francs et des Gaulois, des vainqueurs et des vaincus? S'il en est ainsi, je leur dirai avec un illustre historien (1), en proclamant comme lui les droits imprescriptibles du peuple vaincu : « Le ciel nous est témoin que ce n'est pas nous qui avons évoqué cette vérité sombre et terrible, qu'il y a deux camps ennemis sur le sol de la France. Le génie de la conquête s'est joué de la nature et du temps; il plane encore sur cette terre malheureuse. Nous sommes les fils des hommes du Tiers-État, le Tiers-État sortit des Communes, les Communes furent l'asile des serfs, les serfs étaient les vaincus de la conquête. Dieu veuille que cette conquête s'abjure elle-même jusque dans les dernières traces et que l'heure du combat n'ait pas besoin de sonner! »

Depuis que ces éloquentes et chaleureuses pa-

(1) Augustin Thierry, *Dix ans d'études historiques*, 2e partie, c. VIII.

roles ont été écrites (1), l'heure du combat a malheureusement sonné plus d'une fois, et les Gaulois, puisque telle est la filiation de la démocratie, ont triomphé des descendants des Sicambres de Clovis, des Franks de Charlemagne ; mais soudain une aristocratie nouvelle, l'aristocratie pécuniaire, s'est élevée sur les ruines de l'ancienne et a réclamé pour elle seule les droits de tous.

Jamais la richesse n'a été considérée par personne comme une condition indispensable aux gouvernants, ils doivent réunir deux qualités, l'intelligence et la moralité, et ces qualités existent suffisamment chez la nation considérée en masse pour que personne ne soit en droit de lui contester la souveraineté absolue. Je défie l'aristocratie de race ou de fortune d'oser soutenir qu'elle est plus morale que le peuple. La moralité, cette première condition de tout bon gouvernement, ce seul titre légitime dont puisse se prévaloir une aristocratie, s'il devait en exister une, est, en France, comme dans tous les pays, le plus brillant apanage du peuple. Quand les classes supérieures se corrompent, quand le corps

(1) 1820.

social semble tomber en dissolution, c'est du peuple que sortent les hommes nouveaux, un sang généreux, une société jeune et pure qui vient régénérer l'ancienne.

L'aristocratie pécuniaire s'est réservé à peu près exclusivement l'instruction secondaire, elle se croit donc en droit de se proclamer plus intelligente que les classes inférieures. Il est douteux pour moi que l'instruction qu'on reçoit dans nos écoles puisse suppléer à l'intelligence gouvernementale ou la perfectionner; mais, quoiqu'il en soit, je crois avec Montesquieu, que cette instruction ne donne pas à ceux qui la reçoivent une supériorité telle, qu'ils soient seuls capables de gouverner à l'exclusion du peuple tout entier. « Le peuple, dit l'auteur de l'*Esprit des Lois*, est admirable pour choisir ceux à qui il doit confier une partie de son autorité. Il n'a à se déterminer que par des choses qu'il ne peut ignorer et des faits qui tombent sous les sens. Il sait très-bien qu'un homme a été souvent à la guerre, qu'il a eu tels ou telles succès : il est donc très-capable d'élire un général. Il sait qu'un juge est assidu, que beaucoup de gens se retirent de son tribunal contents de lui, qu'on ne l'a pas convaincu de corruption, en voilà assez pour qu'il élise un prêteur... toutes ces choses sont des faits dont il s'instruit mieux dans la place publique qu'un monarque dans son palais. »

Je crois la démocratie morale et intelligente, je la crois donc digne de gouverner.

C'est pour répondre à ses détracteurs, pour les convaincre, si je le puis, que j'ai entrepris d'écrire ces pages dont l'unique mérite est d'être dicté par l'intention la plus pure.

Faire aimer la démocratie, tel est le but que je me suis constamment proposé. Pour cela, après avoir rappelé le noble rôle qu'elle a joué dans notre histoire nationale, je l'ai montrée marchant sans cesse unie à la religion chrétienne, jetant les bases d'une politique nouvelle, amenant d'utiles réformes économiques, et ouvrant enfin aux beaux-arts, à la littérature, des horizons inconnus des voies larges et fécondes.

La démocratie tient dans sa main une partie du présent, l'avenir lui appartient tout entier. Son avénement peut être retardé un instant, mais bien insensé celui qui ne le voit pas approcher chaque jour. Apprenons à connaître le peuple, ce souverain dont nous faisons partie, apprenons à l'aimer puisque de toutes les grandes nations de l'Europe la France semble appelée la première, après bien des crises funestes, à goûter enfin sous son règne les bienfaits de la liberté, de l'ordre et du progrès.

LIVRE PREMIER.

ORIGINES DE LA DÉMOCRATIE FRANÇAISE.

CHAPITRE PREMIER.

CONDITION SOCIALE DU PEUPLE APRÈS L'INVASION DES BARBARES.

Au cinquième siècle, au moment de la chute de l'empire romain et du triomphe définitif de l'invasion, si nous jetons les yeux sur la Gaule, elle nous présente le spectacle de chefs conquérants et d'une armée conquérante ; quant au peuple conquis, il n'est plus au rang des nations, il est devenu esclave.

Toutes les révolutions politiques, toutes les divisions de territoire qui s'opèrent sous la première et la deuxième race, ne changent rien à la condition de ce peuple. Ces événements s'accomplissent entre les vainqueurs, le peuple vaincu n'y prend aucune part, il n'est qu'un vaste troupeau qu'à la mort du maître les héritiers se partagent, et que ceux-ci à leur tour ont le droit de vendre, de donner, de dépouiller, d'égorger même si tel est leur intérêt ou leur bon plaisir.

L'auteur de la *Théorie des lois de la monarchie française*, évalue le nombre des esclaves ou serfs aux neuf dixièmes de la population; c'est donc à bon droit que nous pouvons les considérer comme les vrais représentants de la nation à cette époque, comme la souche première d'où est sorti le peuple français.

La condition des esclaves était loin d'être uniforme, les capitulaires parlant de *servi*, de *tributarii*, de *coloni*, de *fiscalini*, il est fort difficile de déterminer au juste la différence qui existait entre ces divers degrés de servitude.

Les *fiscalini*, esclaves des rois et les esclaves de l'Église, furent les premiers affranchis. De bonne heure, les rois et les évêques armèrent leurs serfs pour se défendre ou s'agrandir, et le droit de porter les armes a toujours été considéré comme inséparable de la liberté (1).

Les mots d'esclave et de serf, sont souvent employés comme synonymes, cependant le passage de l'esclavage au servage fut une première révolution sociale, un pas du peuple vers la liberté.

L'esclave n'est qu'une chose, rien de plus que le bœuf ou le cheval ; le maître le châtie à son gré, le vend comme un bétail, le tue impunément.

Le serf est considéré comme un homme ; la loi des Wisigoths sous l'influence des idées chrétiennes défend de le mutiler ou de le tuer sous peine d'amende et d'exil.

Dénier au maître ce droit cruel de vie ou de mort, c'était un premier pas vers une condition plus douce ; mais la véritable amélioration du sort des esclaves vint des mœurs germaines. Ce fut par son attache au sol que l'esclave acquit des droits et prit rang, quoique à un degré inférieur, parmi les membres de l'État.

Les esclaves n'avaient rien à eux, les serfs répandus sur les grandes propriétés barbares eurent

(1) Laboulaye, Hist. du *Droit de propriété*.

chacun en propre, dès les premiers temps de la conquête, leur case, leur lot de terre et leur pécule, à charge de redevances et de corvées. Dès lors la position des serfs se rapprocha de celle des colons romains. Ils obtinrent peu a peu de n'être plus punis arbitrairement, mais suivant la coutume de la terre devant la justice seigneuriale. Ils restèrent corvéables à merci, mais par la suite ces corvées se régularisèrent ; le maître prit une part du labeur du serf trois jours, par exemple, et lui laissa le reste. Quant au dimanche, il appartenait à Dieu et c'était un crime même pour un homme libre de travailler dans ce jour consacré. La religion donnait à l'esclave un jour de repos assuré chaque semaine, la philantropie de nos jours n'a pu garantir une heure au pauvre ouvrier (1).

Telle fut l'origine du peuple ; d'abord esclave, il devint serf sous la féodalité. L'affranchissement complet des serfs commença au onzième siècle et un écrivain du quinzième siècle en parle comme si à cette époque il n'en existait plus en France.

(1) Laboulaye, Hallamu, Beaumanoir.

CHAPITRE II.

CONDITION POLITIQUE DU PEUPLE APRÈS L'INVASION.

La masse de la nation ne prenait aucune part aux actes du gouvernement qui, du reste, dans les premiers temps de l'invasion, ne consistaient guère qu'en délibérations militaires. Les assemblées tenues par les Goths, les Burgondes, les Francs dès leur établissement sur le territoire gaulois, n'étaient que le conseil de la race conquérante et de la population militaire ; les indigènes y étaient entièrement étrangers.

C'est par le clergé, qui longtemps se recruta presque exclusivement parmi les classes inférieures, que le peuple conquis fut introduit pour la première fois dans le conseil de la race conquérante. Sous Clovis II l'Eglise envoya quelques délégués aux assemblées des Francs ; c'est le premier et bien timide effort tenté par les vaincus pour revendiquer leurs droits ; c'est la première marque de réaction contre le peuple vainqueur.

Les habitants des villes et tout ce qui conservait la civilisation et les mœurs romaines, formaient un peuple à part. Les barbares ne s'inquiétaient guère de ce peuple que pour lui imposer des tributs, piller ses richesses, ou se disputer la possession de son territoire.

Dans un grand nombre de villes le régime municipal romain subsista longtems. C'est dans le maintien de leurs institutions municipales que les fils des vaincus cherchaient quelques garanties contre l'oppression et la violence des temps. Ils avaient des corps municipaux ou curies, des magistratures électives et des assemblées de notables. Aucun habitant des villes n'avait de relation directe avec le gouvernement central, si ce n'est l'évêque qui se rendait quelquefois à la cour des rois francs, afin de lui porter les doléances de ses concitoyens sur l'énormité des taxes et la rigueur des officiers du fisc (1).

Cette ombre de liberté conservée par le régime municipal, ne tarda pas elle-même à disparaître, les évêques qui remplissaient les principales fonctions municipales ayant attiré à eux tous les pouvoirs. Déjà, au cinquième siècle, paraissaient dans l'Eglise quelques mauvais principes qui ont joué un grand rôle dans le développement de notre civilisation. Ainsi prévalait dans son sein, à cette époque, la séparation des gouvernants et des gouvernés, la tentative de fonder l'indépendance des gouvernants à l'égard des gouvernés, d'imposer des lois aux gouvernés, de posséder leur esprit et leur vie, sans la libre acceptation de leur raison et de leur volonté. L'Eglise tendait de plus en plus à faire prévaloir dans la société le principe théocratique, à s'emparer du pouvoir temporel, à dominer exclusivement. Et quand elle ne réussissait pas à s'emparer de la

(1) Thierry, *Lettres sur l'histoire de France.*

domination, elle s'alliait avec les princes temporels, et pour le partager, soutenait leur pouvoir absolu aux dépens de la liberté des sujets (1).

Les évêques devinrent ainsi peu à peu de véritables souverains temporels, et abandonnant le noble rôle de *défenseurs des cités*, de protecteurs des libertés municipales, ils prirent place à côté des conquérants, des oppresseurs du peuple, et furent admis à siéger d'une manière constante dans les assemblées politiques. Le clergé forma alors un second *ordre* dans l'Etat à côté de la noblesse.

Les habitants des cités, ne comprenant pas la langue parlée à la cour des rois et dans les *champs de mai*, où l'on discutait soit en langue tudesque les affaires militaires, soit en latin les affaires ecclésiastiques, n'avaient aucune connexion directe ou indirecte avec le gouvernement du pays. Trop heureux s'ils pouvaient conserver dans leurs murs un peu de calme et de sécurité, si rares dans ces temps de terreur et de tyrannie.

(1) Guizot, *Hist. de la civilisation en Europe*, 2e leçon.

CHAPITRE III.

TRIOMPHE DU PARTI FRANÇAIS SUR LE PARTI GERMANIQUE.

Dans les premiers siècles de la conquête, les Gaulois se taisent et se soumettent; leur malheur semble tellement irréparable que l'énergie leur manque pour la plainte comme pour la résistance.

Peu à peu, cependant, l'espoir renait au cœur du vaincu, son front courbé se relève; Il tente contre les conquérants une réaction timide d'abord et peu apparente, mais enfin audacieuse et triomphante.

Au neuvième siècle, après le règne de Charlemagne, de grands hommes ont paru, de grands événements se sont accomplis, une révolution politique et morale a eu lieu : l'histoire change de caractère. L'Eglise et l'armée sont encore les deux pouvoirs qui dominent la société ; mais à côté d'eux un troisième acteur apparaît sur la scène, c'est le peuple, *plebs*, *vulgus*, comme l'appellent les écrivains, qui s'avance derrière les chefs militaires, les princes, les évêques.

Les deux historiens de Louis le Débonnaire, Thegan et Nithard, prennent parti pour ce prince et sont contraires à la cause de l'insurrection ; ce sont les écrivains du parti royal opposés au parti révolutionnaire. A chaque instant ils s'élèvent en imprécations aristocratiques contre l'influence des parvenus, des hommes de *race servile*. Ces hommes qu'ils traitent avec tant de dédain sont les ancêtres du peuple français, les champions du parti national contre le parti germanique.

Dans plusieurs endroits des histoires de cette époque, on voit déjà ce peuple si méprisé intervenir dans les crises. Il semble parfois qu'on ait besoin de lui, qu'on veuille agir sur lui, ailleurs il apparaît comme un être redoutable.

Cette apparition du peuple au neuvième siècle coïncide avec le premier emploi de la langue vulgaire. Au treizième siècle, quand naîtra définitivement la langue française, naîtra aussi la nationalité française; cette nationalité se manifestera d'abord par l'émancipation des communes (1).

Toutes les guerres qui suivirent le démembrement de l'empire de Charlemagne, ne furent qu'un épisode de la lutte de la nationalité française contre la race germanique.

Le premier triomphe sérieux obtenu par le parti national, fut l'élection du roi Eudes, fils du comte d'Anjou, Robert le Fort. — Étranger à la famille des Carlovingiens, élu au détriment d'un héritier qui se qualifiait de légitime, Eudes fut le candidat national de la population gallo-franque qui avait combattu cinquante ans pour former un État par elle-même; son règne marque l'ouverture d'une seconde série de guerres civiles terminées, après un

(1) Ampère, *Histoire littéraire*, 3e vol., ch. VIII.

siècle, par l'exclusion définitive de la race de Charlemagne.

L'avènement au trône de Hugues Capet cent ans après l'élection de Eudes, signale la victoire définitive du parti français sur le parti germanique ; avec lui commence la dynastie nationale de nos rois. Le peuple obtenait enfin d'être gouverné par l'homme de sa race, bientôt il allait demander à se gouverner lui-même (1).

(1) Thierry, Lettres XI, XII.

CHAPITRE IV.

NAISSANCE DES LIBERTÉS LOCALES. — AFFRANCHISSEMENT DES COMMUNES.

Dès que le parti national eut triomphé par la substitution de la race capétienne à la race carlovingienne, le peuple pensa que puisque les seigneurs avaient le droit de se débarrasser de leurs rois, il avait à son tour celui de s'affranchir de ses seigneurs; les *communes* réclamèrent leur émancipation.

Il y a sept cents ans, le mot *commune* n'exprimait

pas simplement, comme aujourd'hui, une circonscription territoriale, il désignait un système de garanties analogue pour l'époque à ce qu'aujourd'hui nous appelons *constitution*. Obtenir des seigneurs, des évêques ou des rois des garanties contre l'arbitraire, une constitution libérale, une indépendance assurée, tel fut le but des cités dans la révolution communale. Quelques villes affranchies atteignirent ainsi, surtout dans le midi de la France, à la plénitude d'une existence républicaine; mais un grand nombre luttèrent en vain avee une énergie désespérée, elles ne purent arracher à leurs puissants oppresseurs que des concessions insignifiantes, achetées bien cher et sans cesse contestées.

La cause de la révolution communale, comme des révolutions de nos jours, fut l'instinct même de la liberté, le sentiment qui existe dans le cœur de tout homme; l'organisation des communes fut en partie calquée sur l'ancienne administration municipale romaine.

Quelques villes, principalement dans le midi, avaient longtemps conservé une partie de cette administration, et, avec elle, quelques principes d'indépendance que cherchaient sans cesse à étouffer les seigneurs et les évêques. Une insurrection contre ces tentatives de tyrannie fut sans doute le germe de l'immense révolution politique et sociale qu'on a désignée sous le nom d'affranchissement des communes, et qu'on a si faussement attribuée à nos rois. Les rois contraints souvent, de bon gré quelquefois, ont sanctionné il est vrai un grand nombre de chartes; mais les libertés communales préexistaient à ces chartes, qui ne servaient qu'à les reconnaître, à les confirmer; elles étaient le résultat d'une lutte terrible, d'une longue et sanglante guerre déclarée par la population des villes à ses seigneurs. Les bourgeois du moyen âge, que quelques écrivains superficiels nous représentent comme si timides, si pusillanimes, firent éclater dans tout le cours de la révolution communale le plus noble et parfois le plus bouillant courage. On ne sait de quoi s'étonner le plus ou de leur persévérance à faire valoir leurs justes réclamations, ou de la férôce opiniatreté de leurs oppresseurs. On reconnait déjà dans ces hardis bourgeois des Communes les ancêtres du Tiers-Etat, les pères de ces hommes qui viendront au Jeu de Paume réclamer les droits imprescriptibles d'une nation tout entière.

Quoique les Communes du moyen-âge aient eu pour principe la municipalité de l'empire romain, autant cette dernière institution était dépendante, autant l'autre, dès son origine, se montra libre et énergique. L'enthousiasme républicain des vieux temps se communiquait de proche en proche et produisait des révolutions partout où la population était assez nombreuse pour oser entrer en lutte contre la puissance féodale.

Le premier fait qu'on rencontre toujours dans l'histoire de l'émancipation d'une commune, c'est la levée des bourgeois qui s'arment de tout ce qui se trouve sous leur main, c'est l'expulsion des gens du seigneur qui venaient tenter quelque extorsion. Si l'insurrection est vaincue, le seigneur exerce contre les bourgeois les plus sanglantes représailles; si elle triomphe, les vainqueurs se réunissent et jurent sur les choses saintes de se soutenir les uns les autres, de ne point permettre que qui que ce soit fasse tort à l'un d'entre eux ou le traite en serf.

Ce serment ou *conjuration* donnait naissance à la Commune (1).

Pour garantie de leur association les membres de la Commune établissaient un gouvernement intérieur qui était fort simple. L'assemblée générale de tous les habitants élisait les magistrats municipaux, *consuls, jurés,* ou échevins; elle se séparait ensuite et les magistrats élus gouvernaient à peu près seuls, assez arbitrairement, sans autre responsabilité que les élections nouvelles ou les émeutes populaires qui étaient fréquentes à cette époque.

Pour sentir combien, malgré le cahos prolongé de l'invasion, le monde avait marché, et quelles réformes radicales, depuis la chute de l'empire jusqu'au douzième siècle, s'étaient opérées dans la société, il suffit de signaler quelques-unes des différences profondes qui existaient entre la Municipalité romaine et la Commune du moyen-âge. La première devait son existence à un peuple conquérant qui l'avait imposée au peuple conquis; la seconde naît au contraire de la lutte du vaincu contre le vainqueur; l'une a son principe dans l'esprit de

(1) Guizot, *Histoire de la Civilisation.*

domination et de conquête, l'autre dans le sentiment des droits, dans l'esprit indépendant des temps modernes. Les municipes se composaient de maîtres et d'esclaves, dans la Commune il n'y eut que des hommes libres; la première institution était essentiellement aristocratique, la seconde fut tout à fait démocratique.

Malgré son importance, ce mouvement général du peuple vers l'affranchissement n'eut cependant pas tous les résultats qui semblaient devoir en sortir pour les libertés générales du pays. Chaque commune s'insurgea pour son propre compte, sans s'inquiéter de ses voisines, elle combattit pour ses franchises propres et non pour celles de la nation; les villes affranchies ne songèrent jamais à se liguer pour établir sur tout le royaume un vaste système de liberté; il n'y eut que des chartes communales, et jamais de charte générale. Les aspirations n'allaient pas si loin à cette époque, tout était local, il n'y avait rien de national.

Rien ne fut changé, surtout dans les premiers temps, aux relations des bourgeois avec le gouvernement du pays, avec ce que nous appelons aujourd'hui l'Etat. Ils n'y intervinrent pas plus qu'auparavant; leur influence ne dépassa pas les limites du fief. Plus tard les bourgeois invoquèrent souvent l'appui du roi contre leur seigneur, ou la garantie du roi quand la charte était jurée, et alors un nouveau lien commença à naître entre la bourgeoisie et la royauté.

Une classe nouvelle naquit de l'affranchissement des communes; il n'y avait eu, entre les bourgeois, aucune coalition; ils n'avaient, comme classe, aucune existence publique et commune; mais le pays se trouva couvert d'hommes engagés dans la même situation, ayant les mêmes intérêts, les mêmes mœurs, entre lesquels il ne pouvait manquer de naître peu à peu un certain lien, une certaine unité, qui devait enfanter la *Bourgeoisie.*

Au douzième siècle, la bourgeoisie belliqueuse et toujours armée, qui avait fait la grande insurrection des communes, ne se composait guère que d'artisans, de petits négociants et de petits propriétaires soit de maisons, soit de terres, qui avaient pris dans la ville leur habitation. Les éléments de cette classe changèrent peu à peu. Trois siècles après elle comprenait des avocats, des médecins, des lettrés de tous genres et tous les magistrats locaux. Son caractère et son influence en furent considérablement modifiés, et nous savons le grand rôle qu'elle joua plus tard dans l'histoire des libertés françaises, sous le nom de *Tiers-État.*

Signalons ici la division qui ne tarda pas à s'opérer dans le sein de la bourgeoisie. Le régime du privilége s'introduisit dans l'intérieur des Communes, et à sa suite une grande inégalité. Il y eut bientôt partout un certain nombre de bourgeois considérables, opulents, et une population ouvrière qui avait une part égale d'influence. Deux esprits se combattirent dès lors sans cesse dans les Communes; il y eut dans la population inférieure un esprit démocratique aveugle, effréné, féroce; et par contre-coup, dans la population supérieure, un esprit de timidité, de transaction, une excessive facilité à s'arranger soit avec le roi, soit avec les anciens seigneurs, afin de rétablir dans l'intérieur de la Commune quelque ordre, quelque paix.

L'Europe n'est-elle pas aujourd'hui une immense Commune affranchie où les deux classes, avec leurs qualités et leurs vices héréditaires, se retrouvent en présence? Qui peut prévoir le résultat de la lutte, à présent que l'appel au suzerain est devenu impossible!

CHAPITRE V.

LES CROISADES PRÉPARENT L'UNITÉ CHRÉTIENNE DE L'EUROPE.

L'affranchissement des Communes avait créé en France les libertés locales; elle avait émancipé le peuple des villes, l'absence d'intérêts généraux, d'idées générales, avait empêché cette révolution d'atteindre ses dernières conséquences; il fallait un long travail de centralisation pour que le besoin de libertés nationales se fît sentir, pour que le peuple s'élevât au rang de puissance dans l'Etat, pour que la démocratie prît naissance.

Les croisades, cet événement héroïque des nations modernes, rapprochèrent pour la première fois les diverses classes, leur firent sentir qu'elles avaient des intérêts communs, des croyances identiques.

Devant le tombeau du Christ, suzerains et vassaux pressentirent qu'ils étaient égaux; ils se proclamèrent au même titre soldats de la foi. Une unité morale les réunit tous et enfanta en même temps l'unité européenne et l'unité nationale de chaque peuple.

Rois, seigneurs, prêtres, bourgeois, peuple des campagnes, tous prirent aux croisades le même intérêt, la même part, mais l'initiative vint d'en bas, elle partit du peuple et non des classes supérieures.

Quels furent les premiers croisés? des bandes populaires; elles partent sous les ordres de Pierre l'Ermite, sans préparatifs, sans guides, sans chefs, suivies plutôt que conduites par quelques chevaliers obscurs; la classe supérieure, la noblesse féodale, entraînée par cet élan démocratique, s'ébranle à son tour sous les ordres de Godefroi de Bouillon;

enfin les souverains, qui étaient restés étrangers à la première croisade, furent emportés plus tard par le mouvement universel. Ce fut la première fois qu'on vit les masses conduire les chefs, et l'impulsion populaire, nationale, l'emporter sur toutes les volontés individuelles.

L'extension des grands fiefs et la création d'un certain nombre de centres de société au lieu de la dispersion qui existait auparavant ; tels sont les deux effets les plus sensibles des croisades dans le sein de la société féodale européenne. Quand aux bourgeois, un résultat analogue ne tarda pas à se produire. Les croisades créèrent les grandes communes ; le petit commerce, la petite industrie ne suffisaient pas pour créer des communes telles qu'ont été les grandes villes d'Italie et de Flandre. C'est le commerce en grand, le commerce maritime, et particulièrement le commerce d'Orient en Occident qui les a enfantées ; or, ce sont les croisades qui ont donné au commerce maritime la plus forte impulsion qu'il eut encore reçue.

En un mot, quand on considère l'état de la société à la fin des croisades, on trouve que le mouvement de dispersion, de localisation qui avait précédé cette époque a disparu pour faire place à un mouvement en sens contraire, à un mouvement de centralisation (1).

(1) Guizot, *Histoire de la Civilisation*.

CHAPITRE VI.

ORIGINE DE LA NATIONALITÉ FRANÇAISE.

Les croisades commencent à la fin du onzième siècle, elles remplissent le douzième et le treizième. Ce grand événement change la condition des peuples européens, il crée l'unité chrétienne de l'Europe et prépare l'avénement des nationalités. Le quinzième siècle achève pour la France ce que les siècles précédents n'avaient qu'ébauché; il établit l'indépendance du territoire et du nom français, il constitue définitivement la nationalité française.

Les grandes guerres des Valois contre les Anglais, cette lutte terrible d'où notre nationalité est sortie triomphante, fut la première victoire populaire. Toutes les classes de la nation y ont concouru avec la même ardeur; le même patriotisme a embrassé la noblesse féodale, la bourgeoisie, les paysans. Comme le remarque un historien moderne, quand il n'y aurait, pour montrer le caractère populaire de cet événement, que l'histoire de l'héroïne de Vaucouleurs, elle en serait une preuve plus que suffisante. Jeanne d'Arc est sortie du peuple; c'est par les sentiments, par les croyances, par les passions du peuple, qu'elle a été inspirée, soutenue. Elle a été vue avec méfiance, avec ironie, avec inimitié même par les chefs de l'armée; elle a eu constamment pour elle les soldats, le peuple; ce sont les paysans de la Lorraine qui l'ont envoyée au secours des bourgeois d'Orléans. Aucun événement ne fait éclater davantage le caractère populaire de cette guerre et le sentiment qu'y portait le pays tout entier (1).

Jusqu'au règne des Valois le caractère féodal do-

(1) Guizot, *Histoire de la Civilisation en Europe*.

mine en France; la nation française, l'esprit français, le caractère français, le patriotisme français n'existent pas encore. Avec les Valois commence la France proprement dite; c'est dans le cours de leurs longues guerres que, pour la première fois, la noblesse, les bourgeois, les paysans, ont été réunis par le lien d'un honneur commun, d'un même désir de vaincre l'étranger.

Remarquons ici que les trois plus grands événements de notre histoire jusqu'au seizième siècle, l'affranchissement des communes, les croisades, la guerre contre les Anglais, ont été inspirés, accomplis par le peuple, malgré l'aristocratie.

Les rois et les seigneurs ont lutté avec acharnement contre les Communes; ils se sont efforcés de détourner à leur profit les croisades de leur but véritable (1); ils n'ont montré que tiédeur et trahison dans la lutte nationale contre les Anglais; le peuple les a forcés de marcher en avant, et malgré la mauvaise volonté de ses chefs, il a persévéré sans cesse

(1) Après avoir traversé l'Asie Mineure, les chefs de la première croisade voulurent s'arrêter pour se créer des principautés indépendantes. Le peuple les contraignit de marcher sur Jérusalem.

GUIZOT, liv. II.

vers le but que lui montrait la Providence. Lui seul a donné à nos pères les libertés communales, l'unité de l'Europe, la nationalité française; lui seul, ainsi que nous allons le voir, nous a procuré les bienfaits de la liberté et tous les grands principes sur lesquels repose l'édifice de la civilisation moderne.

CHAPITRE VII.

FORMATION DU TIERS-ÉTAT.

Du seizième siècle à la fin du dix-huitième, deux événements dominent tous les autres dans l'histoire de France : la formation du Tiers-État et le développement de l'esprit philosophique. Ces deux grands faits enfantèrent, si je puis m'exprimer ainsi, le corps et l'âme de la révolution française; ils créèrent l'idée révolutionnaire et la classe qui devait réaliser cette idée.

Il est remarquable que le Tiers-État commence

à se développer comme classe précisément au moment où les franchises communales tombent en décadence et disparaissent.

Philippe le Bel le premier réunit, sous le nom d'États Généraux, les représentants des trois principales classes de la nation : la noblesse, le clergé et les membres des Communes, qui ne furent que plus tard appelés Tiers-État,

Il semble, au premier abord, que les États Généraux soient le triomphe définitif des Communes, puisqu'alors elles sont considérées comme un ordre, qu'on leur reconnaît le droit de siéger dans les assemblées générales de la nation, de voter les impôts, de présenter au prince leurs justes doléances. Rien n'est moins vrai pourtant, et les Communes le comprenaient si bien, que la plupart d'entre elles n'envoyaient qu'avec répugnance des députés aux États, souvent même il fallut un ordre précis du roi pour les y contraindre. Ce peu d'empressement des Communes venait de ce que les Etats Généraux n'étaient nullement convoqués dans l'intérêt de la nation, mais dans l'intérêt des rois, qui s'en servaient comme d'un moyen commode d'imposer sans cesse aux villes de nouvelles taxes. Quant aux réclamations des Communes, si parfois elles furent écoutées pour la forme, elles n'amenèrent jamais la réforme d'aucun abus.

Loin de recueillir quelques bienfaits des États Généraux, à dater du quatorzième siècle, époque où commencent ces assemblées, les Communes virent sans cesse décroître leurs libertés. Les rois s'efforcèrent de mettre les villes *entre leurs mains*, et les prévots ou maires de la royauté finirent par remplacer presque partout les autorités municipales électives. L'ordonnance de Moulins, en 1570, confisque au profit du roi la justice civile, l'administration élective toutes les libertés de cent villes de France.

Peut-être fallait-il que toutes les constitutions particulières des cités eussent été successivement détruites ou énervées par l'invasion de l'autorité centrale, pour que le besoin d'une constitution générale, d'une constitution du pays se fit sentir et ralliât tous les esprits vers un objet commun.

Le progrès de la démocratie ne s'est jamais arrêté un seul instant dans notre histoire; comme un torrent indomptable qui surmonte ou détruit toutes ses digues, le peuple a toujours marché en avant. Au moment même où les rois étouffaient les petites démocraties locales, le Tiers-État, c'est-à-dire la démocratie sous une nouvelle forme plus vaste, plus générale que les précédentes, se développait, acquérait des richesses, de l'importance, jouait de jour en jour un plus grand rôle dans l'Etat.

Le Tiers-État avait eu son berceau dans les Communes, mais il renferme plus de choses que les Communes. C'est encore le peuple, mais le peuple qui a grandi, qui s'est développé, qui s'est assimilé une masse d'éléments à mesure qu'ils se sont formés dans la société. Beaucoup de situations sociales, d'individus qui ne se sont point compris dans le mot *Commune,* sont compris dans celui de *Tiers-État*, les officiers du roi et des grands suzerains, par exemple; les juges, les baillis, les prévots, les divers magistrats, appartiennent au Tiers-État, y ont été très-longtemps incorporés et ne s'en sont séparés que dans des siècles très-voisins du notre; les savants, les professeurs, les littérateurs de tout genre, les industriels, les artistes, sont venus par suite du progrès social augmenter la force et les lumières du Tiers-État. Ces divers catégories n'existaient pas dans les Communes, qui ne se composaient guère que de marchands, d'ouvriers et de serviteurs (1).

Louis XI est peut-être, de tous nos rois, celui qui contribua le plus à élever le Tiers-État et à hâter les progrès de l'égalité, moins par la guerre acharnée qu'il fît à la haute aristocratie que par la prédilection éclairée qu'il marqua pour certaines classes inférieures. Il fonda des manufactures, accorda des priviléges aux commerçants roturiers et permit le négoce aux gentilshommes et aux ecclésiastiques. Ce même roi établit l'inamovibilité des officiers royaux, des juges, avocats, procureurs du roi, employés de finances. Il créa ainsi l'indépendance de cet ordre nouveau qu'on désigna par le nom de gens de robe, qu'on vit bientôt acquérir une immense influence et lutter souvent contre la noblesse et le clergé (1).

Ainsi pendant que la bourgeoisie perdait une partie de ses libertés par l'anéantissement des Com-

(1) Guizot, *Histoire de la Civilisation.*

munes, elle prenait une large part du pouvoir en recevant de la main des rois les offices et les magistratures; elle se mettait, par son instruction, à la tête des lumières; elle tendait, par son travail et son industrie, à rivaliser d'éclat et d'influence avec les grands seigneurs.

Ce mouvement qui poussait la masse de la nation vers l'égalité, vers l'anéantissement de toute servitude, agissait jusque dans les classes les plus infimes; tandis que les Louis XI, les Richelieu passaient leur terrible niveau sur les grandes maisons de France; tandis que le Tiers-État, par le commerce, l'industrie, les arts, l'instruction, grandissait chaque jour; une classe nombreuse, demeurée longtemps en arrière, celle des serfs de la glèbe, ou *hommes de corps*, entrait en action. L'esclavage disparaissait peu à peu des campagnes, et ainsi se trouva formée cette immense réunion d'hommes *civilement libres*, mais sans droits politiques qui, en 1789, entreprit pour la France entière ce qu'avaient exécuté, dans des villes isolées, ses ancêtres du moyen-âge (1).

(1) Thierry, Lettres sur l'histoire de France.

CHAPITRE VIII.

NAISSANCE DES IDÉES LIBÉRALES ET DÉMOCRATIQUES AUX DIX-SEPTIÈME ET DIX-HUITIÈME SIÈCLES.

Lorsque la royauté devenue absolue, laissa tomber en désuétude les États-Généraux et que les grands noms de la noblesse française qui naguère contrebalançaient l'influence de la royauté furent réduits au rôle de courtisans; alors le peuple comme toutes les autres puissances de l'État semble disparaître, le roi est la nation, à lui seul il absorbe tous les pouvoirs.

Mais dans ce moment même d'immobilité apparente, la démocratie poursuit à grands pas sa marche victorieuse; seulement le mouvement avant de s'opérer dans la société, s'opère au dedans des âmes. Il n'y a pas de lutte matérielle mais une lutte entre les idées; la révolution se fait au dedans avant de se manifester au dehors; c'est un volcan souterrain qui se forme peu à peu, et qui éclatera bientôt avec une violence inouie dans les fastes de l'histoire.

Au moment même où le roi le plus absolu peut-être qui ait jamais existé, Louis XIV, étouffait les derniers vestiges des libertés locales et mettait en vente les offices des magistrats municipaux, les idées de liberté générale prenaient naissance et se montraient parées des couleurs les plus séduisantes sous la plume enchanteresse du vertueux archevêque de Cambrai.

« Fénélon, dit un philosophe de nos jours (1), est le véritable fondateur de l'ère actuelle. Si le Télémaque eut été adopté par les souverains, ils auraient conservé la première prérogative du pouvoir, celle d'instituer. Ils auraient évité la dissolution sociale

(1) Ballanche, *Palingénésie sociale*.

du dix-huitième siècle. Le Télémaque était loin de contenir toute la pensée de Fénélon, l'ensemble de ses écrits était un trésor de sagesse et de prévision.»

Fénélon le premier osa proclamer en face des souverains absolus le droit qu'a le peuple de participer au pouvoir. Le Télémaque parut aux uns une théorie d'économie politique, aux autres une satyre contre le système suivi par Louis XIV; pour tous il fut une magnifique protestation en faveur des droits du peuple, une éloquente et vertueuse exposition des devoirs du souverain.

C'était un bon présage pour la démocratie que la première voix qui s'élevait en sa faveur, fut celle du chrétien le plus pieux, le plus vertueux, le plus éclairé que la France ait jamais produit.

Après Fénélon, Montesquieu, Voltaire, Rousseau, d'Alembert, Diderot, tous les écrivains, tous les savants, tous les poètes, tous les philosophes du dix-huitième siècle, emploient leur plume, leur talent, leur esprit, leur génie, à renverser de fond en comble l'antique édifice féodal. Malheureusement, dans cette guerre à outrance toutes les armes leur sont bonnes, rien ne leur est sacré et le bien qu'ont fait ces impitoyables démolisseurs, n'a pu encore leur faire pardonner le mal qu'ils ont produit.

Ce bien et ce mal se trouvent admirablement résumés dans deux pamphlets publiés l'un par Sieyès, l'autre par Camille Desmoulins, dès le commencement de la révolution. Ces deux hommes d'un génie si opposé, l'un essentiellement fondateur et organisateur, l'autre créé pour attaquer, saper et démolir, présagèrent en quelques mots à la révolution tout son avenir, sa grandeur et ses calamités.

Qu'est-ce que le Tiers-État? Rien. Que doit-il être? Tout; s'écriait Sieyès, proclamant ainsi l'unité nationale, l'égalité politique, le droit de la démocratie de se gonverner elle-même ; toutes les grandes choses qu'allait accomplir la révolution.

Quæ quoniam in foveam incidit obruatur (1). *Puisque la bête est dans le piége qu'on l'assomme!* écrivait Camille Desmoulins en tête de son pamphlet la *France libre;* c'était l'œuvre de démolition réduite

(1) Cicéron, *pro Milone.*

en formule, en précepte, c'était la guerre ouvertement déclarée à toutes les croyances, à toutes les institutions sociales.

CHAPITRE IX.

TRIOMPHE DE LA DÉMOCRATIE EN 1789.

Du moment que les députés de l'Assemblée nationale réunis au Jeu de Paume eurent fait le serment de ne pas se séparer avant d'avoir donné une constitution à la France, la révolution fût accomplie, le pouvoir changea de mains, notre histoire prît un nouveau caractère.

Jusqu'en 1789, la noblesse, le clergé, les rois, ont été maîtres de la puissance et de toutes ses prérogatives ; ce n'est qu'en leur arrachant avec peine des concessions toujours incomplètes, que le peuple a joui de quelques franchises, de quelques libertés.

A dater du serment du Jeu de Paume, les rôles sont renversés, le principe opposé triomphe, la démocratie est souveraine; les rois et l'aristocratie, pour conserver un peu de prestige et d'influence, sont réduits à disputer au peuple des morceaux de son manteau royal, et ces vestiges de la puissance échappent sans cesse à leurs débiles mains pour retourner d'eux-mêmes au souverain légitime.

En 92 et en 93, on l'a dit souvent, avec vérité, il n'y eût pas une république, mais une révolution. Ce fut la tourmente qui détruit sans rien fonder : roi, noblesse, clergé, bourgeoisie, tout disparut, et lorsque se termina cet orage terrible, la France sentit avant tout le besoin du calme et de l'ordre.

Napoléon, en s'emparant du pouvoir, comprît les deux nécessités impérieuses de notre patrie, qui étaient à cette époque l'assurance de l'indépendance nationale au-dehors, la sécurité de la vie civile au dedans. Replacer la France nouvelle dans la confédération européenne, et la constituer à l'intérieur d'une manière paisible et régulière, telle fut la double tâche du gouvernement consulaire, tâche qu'il accomplit dignement.

Une œuvre plus grande encore que les précédentes était asignée à Napoléon, œuvre qu'il accomplit providentiellement et sans la comprendre. Il dut porter dans toute l'Europe les germes de la liberté qu'il voulait comprimer en France ; il dut faire sentir à toutes les nations civilisées le souffle démocratique qu'il se flattait d'avoir étouffé dans notre patrie.

Un pays n'est pas uniquement démocratique par la forme de son gouvernement, il l'est avant tout par ses mœurs, par ses idées, par ses tendances, par toutes ses habitudes. La France sous l'empire était au moins aussi démocratique qu'en 92 ; les officiers et les soldats de nos armées, n'avaient pas oublié leur origine, leurs premières victoires remportées au chant de la *Marseillaise*, ils portaient partout dans le monde, avec notre drapeau, l'esprit de la démocratie française dont ils représentaient la partie la plus active, la plus digne, la plus intelligente

Les principes de notre révolution marchèrent à leur suite d'un pas de géant, et nous pouvons aujourd'hui mieux que jamais, en juger par le terrain que gagne la démocratie en Europe, par les tendances populaires qui se manifestent en Italie, en Prusse, en Autriche, dans toute l'Allemagne, et jusque dans la contrée à demi sauvage où le czar redoute plus la contagion des idées françaises que toutes les armées de l'Europe réunies.

Pour accomplir son immense tâche, Napoléon avait absorbé en lui-même toute la puissance, toutes les forces de la démocratie, de là vint sa grandeur; mais du jour qu'il voulut détourner ses forces à son profit, au profit de sa dynastie, du jour qu'il engagea la France dans une voie que celle-ci n'avait point choisie, la France l'abandonna et alors le vainqueur de Marengo et d'Austerlitz fut vaincu, heureux encore de tomber glorieusement sous les coups de l'Europe coalisée, car il eut peut-être, quelques années plus tard, trouvé son Waterloo dans une révolution de palais ou dans une émeute populaire.

La restauration eut deux torts irréparables, elle

blessa la France dans ses deux sentiments les plus puissants, dans le sentiment de sa nationalité, dans celui de sa souveraineté ; elle remonta sur le trône à l'aide des armées étrangères, et prétendit *octroyer* une Charte, au lieu de reconnaître franchement qu'elle ne régnait que par le peuple et pour lui.

Expulsée une première fois par le seul prestige du nom de Napoléon, elle revint confiante dans les mêmes erreurs, sans avoir rien oublié ni rien appris. Établir le pouvoir sur une autre base que la base populaire, fonder une aristocratie capable de résister à la démocratie, telle furent ses deux idées de prédilection. Elle se déclara souveraine par le *droit divin*, et chercha un appui non pas dans la nation, mais dans la pairie héréditaire.

Trois jours de révolution en juillet 1830 firent justice de ces prétentions insensées, et comme si le peuple eut voulu essayer de tous les pouvoirs possibles avant de proclamer le sien propre, il laissa faire un *roi populaire*, un gouvernement qu'on appela la *meilleure des Républiques*.

Louis-Philippe ne s'écarta nullement des traditions de ses prédécesseurs, et se berça comme eux de la folle pensée d'entraver la marche irrésistible de la démocratie.

L'hérédité de la pairie avait été abolie par la loi du 10 septembre 1831; l'art 259 du Code pénal avait été révisé de manière qu'il fût permis à tous les Français de se parer de titres nobiliaires; la pairie, la noblesse, l'aristocratie de la restauration n'existaient donc plus que de nom; on leur substitua une nouvelle aristocratie, celle du cens, les deux cents mille grands propriétaires et industriels de la France eurent seuls les droits et le titre de citoyen.

Louis-Philippe est tombé, et la République a été proclamée.

Un neveu de l'empereur Napoléon a été élu, par six millions de suffrages, président de la République française.

Ne semble-t-il pas, en contemplant les révolutions qui depuis un demi-siècle agitent notre patrie, que nous soyions revenus aux temps qui précédèrent l'avènement de la troisième race de nos rois? Alors comme aujourd'hui, le peuple semblait poursuivre un but inconnu, il se soumettait tour à tour à des chefs élus, à des chefs héréditaires, à des rois de la race antique, à des rois de la race nationale; l'élection d'un roi français mit fin à ces fluctuations.

Aujourd'hui ce n'est plus seulement un chef national, c'est un gouvernement national, c'est à dire le gouvernement de tous qu'il faut à la France. La république démocratique s'est basée sur le suffrage universel, elle a proclamé l'égalité des droits politiques de tous les citoyens. Sera-t-elle enfin le terme de nos révolutions? Je l'ignore; Dieu seul peut le savoir.

Tout ce que je sais, c'est qu'en jetant les yeux sur l'histoire de mon pays, j'y vois un fait constant, supérieur à tous les autres, c'est le progrès incessant de la démocratie qui grandit sans cesse, qui s'élève aux proportions d'un colosse, tandis qu'autour d'elle toutes les vieilles puissances politiques dégénèrent, chancèlent et tombent. Je crois donc pouvoir en conclure qu'un gouvernement populaire est le seul possible en France, et que tout pouvoir qui ne sera pas assis sur le sol démocratique n'aura pas des fondements plus solides qu'un édifice bâti sur le sable.

LIVRE II.

DE LA RELIGION DANS SES RAPPORTS AVEC LA DÉMOCRATIE.

CHAPITRE PREMIER.

D'OU PROVIENT L'ANTAGONISME QUI EXISTE EN FRANCE ENTRE LES IDÉES CHRÉTIENNES ET LES IDÉES DÉMOCRATIQUES.

Au moment où la démocratie triomphe de toutes parts, lorsque les mots : Liberté, Égalité, Fraternité, sont devenus la devise de l'État, il est affligeant de voir des amis sincères du peuple, combattre ou dédaigner une religion qui a amené l'abolition de l'esclavage, qui a rendu les hommes égaux devant Dieu qui a commandé d'aimer son prochain comme soi-même.

Si on cherche la raison de ce fait, si on se demande pourquoi des cœurs généreux, des partisans ardents du progrès et de toutes les nobles idées montrent de l'éloignement pour des croyances sans lesquelles il est impossible d'établir le règne des mœurs, de la liberté, de la démocratie, on ne tarde pas à se convaincre que leur antipathie pour la religion provient d'une haine violente contre les partis politiques auxquels elle a trop souvent prêté un complaisant appui.

Toutes les fois que la religion se mêle aux intérêts de ce monde elle contracte quelque chose de leur fragilité ; toutes les fois qu'elle s'allie avec les gouvernements, elle se charge d'une partie des haines qu'ils font naître. « La religion ne saurait s'allier à la politique, dit M. Lamennais, sans être bientôt ou en guerre directe avec elle, si elle veut demeurer libre et pure, ou corrompue et asservie par elle si elle se résigne aux conditions indispensables d'une pareille alliance (1). »

L'histoire de notre patrie pourrait au besoin servir de démonstration à cette vérité; pendant

(1) Lamennais, *De la politique et du progrès social.*

bien des siècles le christianisme s'est vu l'associé ou le complice de gouvernements dont les actes ne pouvaient que le rendre odieux et méprisable et qui auraient infailliblement amené sa ruine s'il n'était pas impérissable comme les vérités qu'il proclame.

Sans parler de la Saint-Barthélemy et des cruelles exécutions des règnes d'Henri II et de Louis XIII, qu'on se rappelle la conduite de Louis XIV; le premier de nos rois il eut publiquement des maîtresses en face de l'Église, ce que nul homme n'eut alors osé, et pour expier ce scandale, il ordonna dans sa vieillesse les dragonnades, dont les funestes résultats retombèrent sur la France, et l'odieux sur la religion. Pendant le dix-huitième siècle le haut clergé acheva de perdre toute considération par la dissolution et l'incrédulité d'une partie de ses membres; on vit alors plus d'une fois un prêtre du Christ : *dans la chaire chrétien, dans le fauteuil athée.* Les exemples déplorables du régent, de Dubois, du roi Louis XV, achevèrent de précipiter dans le vice la noblesse déjà corrompue par le spectacle de la jeunesse de Louis XIV, et lorsque la morale eut disparu, la foi ne tarda pas à la suivre.

On sait que Voltaire, pour réussir dans les salons aristocratiques où se faisaient alors les réputations, ne trouva pas de moyen plus sûr et plus facile que de mêler sans cesse à sa conversation des railleries amères contre le christianisme. Sans le brillant succès que lui valait auprès des grandes dames et des seigneurs philosophes ce genre funeste d'esprit, il est probable que l'auteur de *Zaïre* eut employé son génie à renverser l'idole du fanatisme, sans s'attaquer jamais à la statue sacrée de la religion.

Lorsque éclata la révolution, les croyances croulaient de toutes parts, le plus grand mal était déjà fait, mais le clergé y mit le comble en refusant de sacrifier ses intérêts temporels, basés souvent sur d'iniques priviléges, et en s'unissant à cette partie de la noblesse qui s'opposait avec une obstination aveugle et à jamais déplorable à toutes les réformes légitimes que réclamait la nation.

Une pareille conduite était d'autant plus coupable que les hautes classes avaient les premières prôné la philosophie, et proclamé la nécessité des réformes; mais lorsque ces nobles partisans des principes nouveaux les virent prêts à se réaliser, ils les renièrent honteusement, et cette aristocratie si désintéressée en paroles, si amie des innovations en théorie, courut aux armes pour combattre les masses populaires qu'elle seule avait soulevées.

Une contradiction si flagrante entre les idées et les actes des classes supérieures au dix-huitième siècle, explique suffisamment les crises sanglantes de notre première révolution, et excuse jusqu'à un certain point les terribles égarements du peuple abandonné des guides auxquels il s'était confié, des nobles penseurs à la sagessse desquels il avait cru.

Sous la restauration, l'influence politique que le clergé s'efforça d'acquérir, l'appui qu'il préta à des lois qui froissaient notre caractère national; l'esprit anti-démocratique qu'il laissa éclater en toute occasion, furent un fléau pour la religion dont la sainte cause continua à se confondre aux yeux du peuple avec celle de la royauté, de la noblesse et des priviléges.

Pendant les dix-huit années du règne de Louis-Philippe, le clergé exclu, en apparence du moins, de toute participation aux affaires de l'État, a largement gagné en influence morale, en considération, en respect, ce qu'il perdait comme pouvoir politique.

La classe bourgeoise, qui seule a joui sous ce règne du titre et des droits de citoyen, a fait preuve en général d'un scepticisme qui, poussé jusqu'à ses dernières conséquences, a fini par servir indirectement la cause de la religion en amenant une réaction contre un système de corruption, contre le relâchement des mœurs publiques et privées.

L'alliance de la politique et de la religion, l'exemple funeste de l'incrédulité donné par les classes supérieures, telles sont, selon moi, les deux causes principales de l'indifférence religieuse qu'on signale dans une partie de la nation.

La première de ces causes n'existe plus, je le crois du moins, la seconde tend à disparaître chaque jour; le spectacle des révolutions, les changements perpétuels qui s'opèrent autour de nous, ramènent insensiblement vers le ciel la pensée humaine fatiguée et effrayée de l'instabilité des choses de la terre. Il existe cependant encore entre le clergé et le peuple un obstacle fâcheux, mais qu'il serait facile de faire disparaître. Au milieu de nos institutions démocratiques, l'organisation tout aristocratique du clergé apparaît comme un débris féodal, comme un dernier vestige d'un régime décrépit et abhorré.

Il y a là, il faut en convenir, quelque chose de choquant et d'anormal. La démocratie ne peut voir d'un œil indifférent le pouvoir absolu des évêques, la subjection du bas clergé, la séparation complète des fidèles de la société religieuse. Il lui semble apercevoir dans cette organisation une préférence bien marquée pour les institutions aristocratiques, pour le pouvoir absolu, et peut-être le désir, l'espoir secret d'y ramener plus tard la nation tout entière.

Le jour où le clergé brisera le joug féodal sous lequel il est encore asservi, le jour où réformant sa constitution comme il a réformé son esprit et ses mœurs, il la mettra en rapport avec tout ce qui existe autour de lui, ce jour là il aura largement applani la voie qui doit conduire au triomphe définitif du Christ (1).

(1) « Si le catholicisme parvenait enfin à se soustraire aux haines politiques qu'il a fait naître, je ne doute pas que ce même esprit du siècle qui lui semble si contraire ne lui devînt très-favorable, et qu'il ne fît tout à coup de grandes conquêtes. »

(TOCQUEVILLE, t. III, ch. VI).

CHAPITRE II.

DU PRINCIPE D'AUTORITÉ CHEZ LES PEUPLES DÉMOCRATIQUES.

L'homme ne vit pas seulement de pain, dit l'écriture ; les peuples ne peuvent pas plus se passer de croyances que de nourriture. Si la démocratie française n'est pas chrétienne, je demanderai ce qu'elle est ? Personne sans doute n'osera répondre qu'elle est athée, déiste, ou panthéiste, mais on dira peut-être qu'elle est indifférente.

Non, il n'est pas vrai que la France soit indifférente ; l'indifférence consiste à embrasser aveuglément, sans choix, sans réflexion, comme l'enfant, l'idée, la croyance qu'on vous présente ; et jamais peut-être il n'a été aussi difficile qu'à l'époque actuelle de faire accepter par les esprits des idées, des croyances quelconques, jamais l'homme n'a fait plus d'efforts pour faire pénétrer chez les autres ses propres convictions. Toute opinion est soigneusement contrôlée avant que d'être admise ; toute doctrine nouvelle ou ancienne est jetée dans le creuset de la discussion. La controverse s'exerce partout, en tous lieux, à toute heure, avec une activité infatigable ; jusqu'à ces derniers temps, il est vrai, elle a porté plutôt sur les conséquences que sur les principes, sur les applications que sur la théorie, mais le socialisme en minant la société dans sa base nous ramène de plus en plus aux questions essentielles, fondamentales ; les idées religieuses d'où découlent toutes les autres seront bientôt les seules débattues, et alors on pourra juger si la France est indifférente. Pour ma part, je crois qu'elle apportera dans cette lutte, qui du reste est déjà commencée, son ardeur, son impétuosité ordinaire, et peut-être, je le crains, trop de passion et de violence contre ceux qui lui sembleront être les ennemis de la vérité.

Mais s'il est vrai de dire que l'immense majorité des Français est chrétienne, il est vrai aussi d'ajouter qu'un très-petit nombre l'est de la même manière.

Jadis les schismes s'opéraient en grand, la masse des fidèles se divisait sur une pratique, ou sur une vérité, une partie de la société religieuse se séparait de l'autre; de nos jours le schisme est pour ainsi dire dans chaque conscience, il se produit non plus dans les masses mais dans l'individu. On ne trouve pas un point de dogme ou de morale sur lequel tous les esprits soient parfaitement d'accord; il n'est pas une vérité religieuse qui ait pour tous le même sens, la même portée, les mêmes conséquences. En un mot, on ne se sépare plus de l'Église, mais on ne croit plus d'une manière absolue ce qu'elle enseigne; son infaillibilité, sans être attaquée ouvertement, n'existe plus en fait pour personne; la raison individuelle se substitue partout à l'autorité.

Je dois ajouter, pour exposer complètement l'état des croyances dans notre pays, qu'une minorité audacieuse, turbulente, qui ne recule devant aucune conséquence, repousse ouvertement le christianisme, déclare sa mission terminée et adopte pour le remplacer une espèce de déisme, un matérialisme grossier, ou un vague panthéisme.

Il y a certainement dans le spectacle de cette anarchie intellectuelle quelque chose de triste et d'effrayant; mais si nous en recherchons les causes nous ne tarderons pas à nous apercevoir qu'elles sont passagères, dépendantes de certaines circonstances actuelles et que par suite il y a lieu d'espérer que l'ordre se rétablira plutôt qu'on ne le pense généralement, dans la sphère morale comme dans la sphère politique.

J'ai indiqué dans le précédent chapitre plusieurs des causes qui ont contribué à éloigner les esprits de la religion, on a pu remarquer que toutes ces causes ne proviennent nullement du fait du peuple, mais au contraire du fait des classes contre lesquelles il a eu à lutter pour s'affranchir. Il est donc probable qu'elles disparaîtront par les seuls bienfaits du progrès démocratique. J'en dirai autant de l'individualisme exagéré qui est le caractère dominant de l'époque actuelle et qui porte chaque homme à rejeter toute autorité, à se créer pour lui seul une croyance isolée.

L'individualisme n'est pas, comme on le croit ordinairement, une conséquence du système démocratique, il tend même à disparaître lorsque ce régime est fortement constitué, et s'il se manifeste actuellement avec autant de force c'est une conséquence nécessaire de la révolution qui s'accomplit, de l'époque de transition dans laquelle nous nous trouvons encore.

Dans une aristocratie les esprits adoptent facilement les opinions des hommes ou des classes qui occupent des positions élevées et qui semblent supérieurs à tous égards, au reste de la nation; mais lorsqu'à la suite d'une lutte prolongée les conditions tendent à devenir égales, il suffit souvent qu'une idée ait été admise par un parti pour qu'elle soit à l'instant repoussée par le parti opposé. Les âmes peu faites à l'usage de la liberté en abusent, elles ont la prétention de se suffire à elles-mêmes, et mettent leur gloire à se faire sur toutes choses des croyances qui leur soient propres. Il y a alors autant de croyances que d'individus, et les opinions humaines, comme des étincelles éparses jaillissent, et brillent de tous côtés sans pouvoir se réunir en un faisceau commun de lumière.

Telle est la situation dans laquelle se trouve aujourd'hui la France. Après des siècles d'asservissement, le peuple, libre enfin, pousse jusqu'à l'excès la haine de toute contrainte politique ou morale, et jette ainsi la société dans une anarchie qui se terminera non pas comme bien des gens se l'imaginent par un retour aux anciens systèmes, mais par le développement naturel et complet des idées des institutions démocratiques.

Lorsque la première ivresse qu'occasionne chez un peuple le triomphe de l'égalité a cessé, ce mouvement de dispersion, d'individualisation des idées cesse de lui-même pour faire place au mouvement contraire, à un mouvement de centralisation d'unité.

La raison individuelle, sans abdiquer son indépendance, reconnaît bientôt l'impuissance complète où elle est de se faire des idées sur tout, et la nécessité impérieuse où elle se trouve d'adopter beaucoup de croyances sans les discuter et sur la foi d'autrui.

L'esprit humain est ainsi conduit par sa nature même, à chercher toujours le principe d'autorité quelque part. Sous un gouvernement aristocratique il le trouve dans un homme ou dans une classe, sous un gouvernement démocratique il le trouve dans la masse de la nation.

Le public a, chez les peuples démocratiques, une puissance singulière ; il ne persuade pas ses croyances, il les impose et les fait pénétrer dans les âmes par une sorte de pression immense de l'esprit de tous sur l'intelligence de chacun.

Aux États-Unis, la majorité se charge de fournir aux individus une foule d'opinions toutes faites, et les soulage ainsi de l'obligation de s'en former qui leur soient propres. Il y a un grand nombre de théories en matière de philosophie, de morale ou de religion, que chacun y adopte ainsi sans examen sur la foi du public ; et si l'on regarde de très-près on verra que la religion elle-même y règne bien moins comme doctrine révélée que comme opinion commune (1).

En France, la même tendance prédomine évidemment depuis plusieurs années, la majorité de la nation est la seule autorité à laquelle tous les partis veuillent bien se soumettre. La plupart des récits historiques, des écrits politiques publiés dans le cours de notre siècle, renferment presque toujours, sous une forme ou sous une autre, la pensée que la masse du peuple est infaillible. Enfin la *raison commune* est proclamée par des philosophes éminents, l'unique base de la certitude, le flambeau des croyances et des actions humaines.

Chez un peuple démocratique, l'autorité ne fait donc que changer de place, le pouvoir absolu de la majorité tend à tout envahir. Cette tendance ne doit sans doute pas empêcher de reconnaître, en matière religieuse, par exemple, des autorités autres que la masse de la nation ; mais ces autorités et les vérités qu'elles pourront proclamer, inspireront au peuple d'autant plus de confiance que la majorité y aura

(1) Tocqueville, t. III, ch. II.

adhéré. Il importe donc, chez les nations démocratiques plus que partout ailleurs, que tous les citoyens, principalement les plus riches, les plus éminents, les plus éclairés, tous ceux qui peuvent exercer quelque influence sur l'opinion générale donnent l'exemple de la foi, de la charité, de toutes les vertus qu'ils désirent voir pénétrer dans les masses et qui peuvent rendre un peuple grand et prospère.

Il importe aussi que le clergé ne contrarie nullement les opinions dominantes lorsqu'elles n'ont rien de contraire à la religion, et se soumette toujours en politique à l'opinion de la majorité.

Ces deux tendances opposées de la démocratie, l'une qui porte l'esprit de chaque homme vers des idées nouvelles et l'autre qui l'amène à embrasser avec ardeur les idées de la majorité, sont une source féconde d'ordre, de progrès, et doivent nous rassurer pour l'avenir. En se contrebalançant l'une l'autre, elles amènent l'équilibre de la pensée; elles empêchent à la fois la raison individuelle de tomber dans de nombreux écarts, et d'être étouffée sous l'immense pression qu'exerce sur elle l'opinion du plus grand nombre; elles assurent le règne de l'autorité et celui de la liberté individuelle.

CHAPITRE III.

DE L'UNION INTIME QUI EXISTE ENTRE LE PROGRÈS RELIGIEUX ET LE PROGRÈS DÉMOCRATIQUE.

Il est à remarquer que de toutes les causes d'incrédulité ou d'indifférence religieuse que j'ai signalées, pas une n'a pris sa source dans le peuple, et je crois pouvoir affirmer que pas une n'a agi sur lui d'une manière sérieuse et profonde.

Malgré le fanatisme de certains rois, l'incrédulité de la noblesse, le scepticisme de la bourgeoisie, l'esprit rétrograde du clergé, le peuple français est resté fidèle à la foi de ses pères. Pour s'en assurer, il n'est pas besoin de voir chaque dimanche la foule inonder la nef trop étroite des églises de nos quarante mille paroisses ; il suffit de rappeler certains faits de la révolution de février qui en resteront comme le signe caractéristique et qui la distingueront à jamais de la révolution athée de 89, de la révolution sceptique de 1830.

Un jeune prêtre catholique citait dernièrement dans la chaire, avec autant d'à-propos que de joie chrétienne les simples et touchantes paroles d'un combattant de février à la foule qui se précipitait furieuse et triomphante dans la chapelle du palais des Tuileries : « Mes amis, voici notre maître à tous ! » s'écriait-il en montrant une image du Christ, et soudain ces hommes enivrés de leur victoire et un instant auparavant si ardents à la dévastation, se découvraient avec respect devant la croix et empêchaient qu'on ne profanât l'asile de la prière.

Pas un excès, pas une manifestation contre la religion ou ses ministres n'a souillé la révolution de février ; son premier orateur a été un poëte religieux ; les arbres de la liberté ont reçu la bénédiction du clergé; la constitution a été proclamée à côté de l'autel; l'archevêque de Paris, comme le bon pasteur, a donné sa vie pour ses brebis, et le peuple qui l'avait involontairement immolé, l'a élevé, dans sa vénération, au rang des saints et des martyrs. A l'heure de la lutte comme à celle du triomphe, dans ses actes héroiques, et dans ses égarements les plus déplorables, la démocratie est toujours restée fidèle à la religion et lui a rendu en toute occasion un éclatant hommage.

La pensée d'un peuple se lit mieux encore dans ses productions intellectuelles que dans ses actes; un rapide coup d'œil jeté sur les œuvres les plus estimées de notre siècle fera connaître de suite l'influence immense qu'exercent chez nous les idées religieuses et l'influence plus grande encore qui leur est réservée dans l'avenir.

Les hommes de génie pressentent la tendance dominante d'une époque, ils se mettent à la tête du mouvement vers le progrès, ils en sont à la fois les précurseurs et les guides.

Le dix-neuvième siècle devait être signalé par un retour aux idées religieuses; il commençait à peine que Chateaubriand mettait au service du christianisme toutes les magnificences du style, tous les trésors d'une imagination exaltée par le spectacle du nouveau monde où Dieu semble s'être révélé à lui dans les solitudes des savanes, dans l'immensité des fleuves et des mers, dans les bruits mystérieux des forêts vierges.

A la même époque, madame de Staël, avec une raison solide, large, éclairée, envisage le christianisme dans ses rapports avec le progrès, elle le montre perfectionnant la littérature et les arts; améliorant les mœurs, créant une philosophie nouvelle, ouvrant de toutes parts des voies inconnues à l'intelligence humaine. Pour elle l'histoire est le développement des idées chrétiennes. De ce point de vue élevé elle terrasse victorieusement les détracteurs de la religion, en faisant comprendre à tous ses immenses bienfaits son heureuse influence sur la liberté, la civilisation et le bonheur des peuples. Le siècle a adopté avec enthousiasme ces nobles idées d'une femme de génie.

Grâce à ces louables travaux, la religion, remise en honneur, ne fut plus attaquée avec le même fiel, mais la foi semblait trop lentement renaître au gré des chrétiens. M. de Lamennais se faisant l'interprête de cette impatience religieuse tonna contre l'indifférence. *Écrasons l'infâme*, semble s'écrier à chaque ligne avec Voltaire, mais dans un sens bien différent, ce fougueux apôtre du catholicisme. En admirant la vigueur de sa logique, l'éclat et la chaleur de sa parole, la sublimité toute biblique de ses images, on regrette qu'il ait si souvent, dans ses premiers écrits, confondu la tolérance avec l'indifférence, et attaqué la liberté en faveur de la foi. Depuis lors il a su concilier dans des pages admirables des choses si dignes de marcher de front.

La poésie chrétienne, qui voit Dieu partout, dans les mystères du cœur et dans les tempêtes de la nature, dans la fleur qui s'épanouit et dans les mondes qui gravitent dans l'espace; cette poésie sympathique à toutes les âmes, aux plus humbles comme aux plus élevées, simple comme la parole de l'enfant et sublime comme le très-haut qu'elle célèbre; prit naissance sous la plume abondante et facile de l'auteur des *Méditations*, des *Harmonies*, de *Jocelyn*. Aucun poëte peut-être n'a jamais été aussi universellement goûté, aucun n'a mieux ramené les âmes vers la religion. Il l'associe à toutes les joies, à toutes les douleurs de l'homme ; il en fait la compagne inséparable de l'amour, de l'amitié, de la rêverie, de l'inspiration, du dévouement, de tous les sentiments tendres ou sublimes, de toutes les idées vraies et généreuses.

Un fait bien remarquable et qui prouve d'une manière irrécusable l'union intime qui existe, de nos jours, entre la religion et la démocratie, c'est que parallèlement au développement des idées chrétiennes, nous voyons s'opérer toujours un progrès démocratique. Les écrivains dont je viens de parler, tout en terrassant d'une main le monstre de l'incrédulité, relevaient de l'autre l'étendard de la liberté et caressaient le lion populaire.

La fille illustre du républicain Necker, dans l'exil que lui avaient mérité l'indépendance et la franchise de ses opinions, célébra le bonheur des peuples libres et exhala sa haine contre le despotisme impérial.

Chateaubriand, par l'opposition éclairée qu'il fit aux principes rétrogrades du gouvernement de la restauration, mérita d'entendre sa politique appelée *politique du génie*. La postérité n'a pas pris cette qualification dans le sens dérisoire que prétendait lui attribuer l'aristocratie du temps.

L'auteur des *Paroles d'un Croyant*, du *Livre du Peuple*, des *Annotations des Evangiles*, faisait pressentir d'avance, par ces publications, la place qu'il occuperait un jour sur les bancs de la Montagne.

Je n'ai pas besoin de rappeler comment, après une opposition franche et large à la politique étroite et anti-démocratique des ministres de Louis-Philippe, M. de Lamartine a été appelé à diriger la République populaire dont sa parole venait d'assurer le triomphe.

Je ne saurais assez le répéter, le christianisme et la démocratie marchent de front dans notre siècle, je les vois sur toute la terre unis d'une sainte alliance, guidant les peuples vers le but que leur assigne la Providence, et quand l'un de ces deux grands principes triomphera définitivement, l'autre viendra s'asseoir près de lui sur le trône commun que leur préparent Dieu et l'humanité.

Le caractère religieux et démocratique de notre

siècle se retrouve dans la philosophie spéculative comme dans les œuvres poétiques-littéraires historiques.

L'école rationaliste a réduit en poudre l'édifice étroit et mesquin du sensualisme de Locke et de Condillac; elle a ressuscité le spiritualisme de Descartes, de Leibnitz, et signalé la présence de Dieu dans toutes nos pensées, dans tous les actes de l'activité humaine. L'esprit a ainsi repris dans le monde la place qu'avait un instant usurpée la matière, un déisme élevé a remplacé le grossier matérialisme de d'Helbach et de Hume.

De Bonald, Ballanche, Lamennais, ont complété l'œuvre et trouvé la base philosophique du christianisme, dans la tradition de tous les peuples, dans la raison commune.

A la suite de l'école rationaliste et de l'école traditionaliste, a surgi une troisième école pleine de foi, d'ardeur, d'espérance, comme la jeunesse qui la compose, compréhensive comme les idées qui lui servent de point de départ. Concilier les idées rationnelles et les idées chrétiennes, établir la légitimité de l'intelligence et de la foi, baser la certitude en même temps sur la raison, sur la tradition, sur les idées révélées, tel est le noble but qu'elle se propose et en vue duquel de sérieux travaux ont été déjà livrés au public et s'élaborent chaque jour dans la retraite (1).

Sans doute ces œuvres remarquables sont loin encore d'avoir porté tous leurs fruits, elles n'ont pas pénétré dans les masses, et il s'écoulera bien des années encore avant que les idées qu'elles proclament ne soient vulgarisées. Cependant je crois qu'elles ont déjà contrebalancé la plupart des doctrines funestes de la philosophie du dix-huitième siècle. Le scepticisme qui commença avec Bayle et qui triompha avec Voltaire, n'a été qu'un accident dans notre histoire, tandis que les œuvres de Chateaubriand, de Lamartine, de Lamennais, continuent la suite des traditions religieuses, morales, politiques, de la nation ; elles ont pu être ainsi comprises de suite, leur influence a dû être immédiate.

La tendance religieuse de notre époque se fait sentir jusque dans les systèmes socialistes les plus

(1) Je citerai principalement le livre de l'*Humanité*, par Ant. Blanc Saint-Bonnet, et le livre de la *Douleur*, du même auteur.

éloignés de l'esprit chrétien. Les apôtres de ces systèmes prétendent être les véritables représentants de la tradition chrétienne ; il veulent, disent-ils, établir dans la société le règne définitif du christianisme, leurs doctrines n'en sont qu'une émanation, un développement progressif. Ces prétentions, quelle que soit le plus souvent leur extravagance, servent à prouver quelles racines profondes la religion a jeté dans notre pays, puisque ses adversaires les plus ardents appuient sur elle leurs conceptions pour leur donner quelque valeur. Au dix-huitième siècle le christianisme était si généralement méprisé que le philosophe qui ne le reniait pas d'une manière absolue était regardé comme un esprit faible et frappé de ridicule ; ajourd'hui on se croit obligé de compter avec le Christ comme avec un ennemi puissant qu'il faut ménager, même en le combattant.

CHAPITRE IV.

DE LA RÉVOLUTION CHRÉTIENNE ET DÉMOCRATIQUE QUI S'OPÈRE DE NOS JOURS.

On le voit, je ne suis pas de ceux qui croient que la France est moins religieuse aujourd'hui qu'elle ne l'était il y a cent ans, je suis encore moins de ceux qui pensent que dans cent ans elle sera moins religieuse qu'aujourd'hui.

Le développement du christianisme de nos jours, comme dans le passé, ne s'opère que lentement et progressivement; les conséquences qui doivent sortir à la longue de ses dogmes immuables sont loin d'avoir été toutes entrevues, quelques-unes d'entre elles commencent à peine à recevoir dans la société un commencement de réalisation. Les peuples ne se sont pas pénétrés tout à la fois et d'une manière égale de la doctrine chétienne, elle ne s'est infiltrée chez eux que goutte à goutte, elle n'est pas tombée sur la terre comme une trombe, mais comme une rosée bienfaisante. Aujourd'hui les gouttes de cette rosée sont assez fortes pour glisser de la tête des plantes jusque sur leurs tiges, pour humecter leurs pieds et vivifier leurs racines, en d'autres termes, les sociétés imprégnées des vérités chrétiennes vont être régénérées par elles et goûter enfin leurs fruits bienfaisants.

Telle est l'immense révolution à laquelle nous assistons. La religion ne sera plus seulement dans les têtes et dans les cœurs. mais dans les mœurs, dans les lois, dans la vie publique.

La réforme proclama, il y a trois siècles, la nécessité d'une pareille transformation; Fénélon a montré, dans Télémaque, ce que serait une société chrétiennement gouvernée ; la révolution de 89 a fait entrer la religion dans l'ordre civil, il nous reste à l'introduire dans l'ordre politique et social.

Les bouleversements dont la société est sans cesse menacée, les révolutions terribles auxquelles nous assistons, ramènent chaque jour les hommes en eux-mêmes et leur font sentir vivement la nécessité des croyances, des mœurs, des institutions chrétiennes. La foi est peut-être moins vive à présent qu'au moyen âge, mais l'intelligence de la religion est infiniment plus profonde et notre organisation sociale est plus chrétienne, parce qu'elle est plus démocratique.

Avec le progrès démocratique, nous reviendrons naturellement à la foi vive et sincère de nos pères. Le peuple vivant enfin dans une société faite pour lui et non pour une classe privilégiée, apprendra à aimer un Dieu qui sera celui de tous.

Les classes supérieures ne se croyant plus d'une race à part, et n'élevant plus entre elles et leurs semblables des barrières infranchissables, trouveront dans leur cœur moins de cet orgueil intraitable qui en chasse l'image de Dieu et l'amour de ses créatures.

Tous enfin unis dans le but commun de fonder, sur des bases solides, la paix, la liberté, la grandeur de la France et du monde, comprendront que des institutions chrétiennes peuvent seules leur assurer de pareils bienfaits et qu'il n'y a qu'une société d'hommes croyants et charitables qui puisse établir et conserver de pareilles institutions.

LIVRE III.

DE LA POLITIQUE DÉMOCRATIQUE.

CHAPITRE PREMIER.

DU SUFFRAGE UNIVERSEL.

La démocratie pure est une forme de gouvernement à peu près impossible; le peuple ne peut se gouverner lui-même directement que lorsque les relations sont rares, peu compliquées, et que le territoire national est d'une très-petite étendue. C'est dans ces conditions qu'ont subsisté quelque temps les démocraties de l'ancienne Grèce (1).

(1) Les républiques grecques n'étaient démocratiques qu'au point de vue antique, en ne considérant pas les esclaves comme des hommes. D'après nos idées modernes, elles étaient de véritables aristocraties, puisque le nombre des esclaves à Athènes, à Lacédémone, était supérieur à celui des citoyens.

Le seul moyen qu'ait la démocratie de s'établir dans les sociétés modernes, c'est le gouvernement représentatif pur, celui dans lequel, suivant des formes exprimées dans une *constitution*, tous les citoyens concourent également à choisir leurs différents délégués, à les contenir dans les limites de leurs fonctions respectives.

Lorsque le peuple nomme celui qui fait la loi et celui qui l'exécute, on peut dire rigoureusement que le peuple gouverne; ses opinions, ses intérêts, ne peuvent trouver d'obstacles durables, et, tôt ou tard, il finissent par triompher dans la direction journalière de la société.

Telle est la forme de gouvernement dont jouit aujourd'hui la France; c'est par le vote universel que le peuple gouverne, c'est par le jury qu'il applique la loi.

La faveur dont jouit le suffrage universel, l'entraînement qui porte tous les partis qui le combattaient jadis, à reconnaître sa légitimité et à placer en lui leurs espérances, prouve mieux que tous les raisonnements possibles le progrès de l'égalité et le triomphe définitif des idées démocratiques.

Qui croirait qu'il y a soixante-dix ans à peine, Camille Desmoulins, ce hardi démocrate, n'osait concevoir la possibilité de faire voter tous les citoyens, et jugeait qu'il était indispensable de refuser tout droit politique à la classe la plus nombreuse de la nation. « Les législateurs, dit-il, ont retranché du corps politique cette classe de gens qu'on appelait à Rome *prolétaires*, comme n'étant bons qu'à faire des enfants et à recruter la société ; ils les ont relégués dans une centurie sans influence sur l'Assemblée du peuple. Éloignée des affaires par mille besoins et dans une continuelle dépendance, cette centurie ne peut jamais dominer dans l'Etat. Le sentiment seul de leur condition les écarte d'eux-mêmes des Assemblées. Le domestique opinera-t-il avec le maître, et le mendiant avec celui dont l'aumône le fait subsister (1) ? »

La crainte d'une loi agraire, si la classe pauvre était appelée à gouverner, faisait ainsi dévier le jeune démocrate de ses principes. Aujourd'hui la division de la propriété a rendu une pareille crainte

(1) La *France libre*.

illusoire, nous avons vu le suffrage universel servir à l'affermissement de l'ordre, de la famille, de la propriété, et le plus timide d'entre nous admet, sans la moindre appréhension, ce que redoutait l'ami de l'audacieux Danton.

Ainsi s'applanissent insensiblement les difficultés qui paraissaient insurmontables; ainsi triomphe chaque jour quelque idée démocratique, et ce triomphe, qui semblait devoir amener la ruine de la société, se trouve être un gage de sécurité pour l'avenir.

CHAPITRE II.

QUEL EST LE GOUVERNEMENT QUE VEUT LA FRANCE?

Parmi les vérités que la philosophie du dix-huitième siècle a vulgarisées en France et qui sont devenues, pour ainsi dire, des maximes de sens commun, se trouve celle-ci : *Le gouvernement est fait pour le peuple, et non le peuple pour le gouvernement.*

Cette vérité, si simple et méconnue pendant tant de siècles, forme aujourd'hui le principe général, la base commune de toutes les croyances politiques de la masse du peuple français. Il n'attache qu'un intérêt secondaire aux questions brûlantes qui divisent les partis ; il s'inquiète peu de savoir si le pouvoir doit être remis à un seul ou à plusieurs ; il comprend mal la distinction qui existe entre les diverses formes représentatives ; mais il veut, il demande, il exigera au besoin un gouvernement qui n'ait d'autre préoccupation, d'autre soin, que celui des intérêts et de la dignité de la nation.

Cette volonté constante du peuple explique l'indifférence qu'il montre souvent pour les hommes et les diverses formes de gouvernement ; indifférence dont se plaignent les partisans de la monarchie et ceux de la république (1). La démocratie sent sa force, sa puissance ; elle comprend qu'elle seule doit régner désormais, et après tant d'essais de gouvernements imparfaits, après tant de tentatives de constitutions éphémères, elle hésite à embrasser

(1) Les questions purement politiques ne remuent jamais profondément le peuple... L'expérience lui a montré maintes fois que, de ces questions de partis, quel que soit celui qui triomphe, il ne saurait sortir rien d'utile pour lui... Elles ne prennent d'importance réelle que lorsque, la société étant mûre pour un état moins imparfait, le progrès accompli dans les mœurs doit passer dans les lois et les institutions. La question politique, en ces circonstances, devient une question sociale. (LAMENNAIS, *Politique à l'usage du peuple.*)

définitivement un système, elle sedemande quelle la forme qui est lui assurera de la manière la plus certaine la liberté, l'ordre, le progrès.

En 1789, la situation était bien loin d'être la même. La France, après quatorze siècles de monarchie, savait trop bien que la plupart des rois gouvernent moins dans l'intérêt de la nation que dans celui de leur dynastie, de leur pouvoir ou de leurs passions ; la haine de la royauté, l'élan vers la République étaient universels.

Depuis lors l'expérience nous a malheureusement appris que les abus, la tyrannie, le mépris de la volonté nationale, peuvent exister sous tous les gouvernements, le peuple se tient donc sur la réserve, prêt à prêter son appui, son concours, à tout gouvernement *national;* c'est-à-dire, suivant les expressions d'un commentateur de Montesquieu, « qui tienne pour principe que tous les droits et tous les pouvoirs appartiennent au corps entier de la nation, résident en lui, sont émanés de lui, et n'existent que par lui ou pour lui ; enfin, qui professe hautement et sans restriction la maxime avancée dans l'Assemblée des chambres du parlement de Paris au mois d'octobre 1788 par un de ses membres, savoir : *les magistrats comme magistrats n'ont que des devoirs, les citoyens seuls ont des droits:* et entendez par magistrats tous ceux qui sont chargés d'une fonction publique quelconque. » (Destutt, Tracy, commentaire de l'*Esprit des Lois.)*

Je dois ajouter que, selon moi, un gouvernement représentatif pur peut seul réaliser un pareil programme, tout autre gouvernement étant forcément conduit par sa nature même à oublier les droits du peuple, à chercher son principe autre part que dans la volonté souveraine de la nation.

CHAPITRE III.

DE LA RÉVOLUTION QUE LA DÉMOCRATIE DOIT OPÉRER DANS L'ART DE GOUVERNER.

Ainsi que je l'ai dit plusieurs fois déjà dans le cours de cet ouvrage, je considère la démocratie comme devant amener, avec le temps, la réalisation des idées chrétiennes dans la société. La direction nouvelle que le triomphe du peuple tend à imprimer à la politique, vient prêter un nouvel appui à cette opinion.

Depuis qu'il existe des peuples et des gouvernements, la politique n'a guère été que le moyen de soumettre les autres à ses volontés par la violence ou par l'adresse. Jusqu'au quinzième siècle, les gouvernements ne connaissaient pas d'autre moyen de conduire les peuples que la force brutale, la guerre tranchait tous les différends.

Louis XI est le premier de nos rois qui ait substitué dans l'art de gouverner les moyens intellectuels aux moyens matériels, la ruse à la force, la politique italienne à la politique féodale. Le nouveau caractère de son gouvernement paraît surtout dans sa lutte avec Charles le Téméraire. Charles est le représentant de l'ancienne politique, il ne procède que par la violence, il en appelle constamment à la guerre; Louis XI, au contraire, s'adresse sans cesse à l'esprit des hommes pour en faire l'instrument de son succès; il excelle dans le maniement des intérêts, des esprits, des volontés.

Depuis le quinzième siècle, les diplomates et les gouvernements ne se sont guère montrés plus scrupuleux dans le choix des moyens; seulement, ils ont, autant que possible, masqué leurs tactiques; ils ont usé de ménagements en rapport avec l'esprit des différents siècles ; la ruse a revêtu par leurs soins les les dehors de la droiture ; la violence s'est parée des formes de la justice.

La politique, un un mot, est encore de nos jours, dans presque toutes les occasions, basée sur l'égoïsme ; elle a pour but de faire triompher des intérêts et non des droits ; les mots de justice et d'humanité n'ont pour elle aucun sens. Jamais elle ne se demande si un acte est juste, si une loi est humaine, si le plus grand bien de tous doit en résulter. Elle n'est dans ses rapports avec les relations extérieures des nations qu'un système de violence et de fourberies, pour arriver à des fins intéressées, et à l'intérieur, l'exploitation légale de tous par quelques-uns, c'est-à-dire encore la guerre perpétuelle de l'intérêt contre la justice, de la prérogative contre le droit commun.

L'avènement de la démocratie tend évidemment à changer ce caractére païen de la politique. Le peuple n'a pas comme les rois et l'aristocratie des intérêts particuliers de famille ou de caste en opposition avec les intérêts généraux ; ses intérêts sont ceux de tous, il peut les soutenir au grand jour ; il n'a besoin pour les faire triompher de violer les droits de personne, il doit au contraire fonder partout le règne du droit commun. L'astuce, le mensonge, la fourberie doivent dès lors dans le gouvernement céder la place à la *publicité* et à la *justice*.

L'instinct naturel du peuple, d'accord en ce point avec ses intérêts, lui empêchera toujours de croire que ce qui est *mal* pour un individu puisse être *bien* pour une société. Les subtilités infinies, les rouages multipliés de la politique des Machiavel, des Talleyrand, ne sont pas compris des masses et leur inspirent une répugnance instinctive, comme tout ce qui n'est pas juste et droit. Jamais leur conscience simple et éclairée n'admettra qu'une même loi morale ne régisse pas les actions humaines dans l'ordre politique comme dans l'ordre civil.

La confusion de la politique et de la morale, telle est la grande révolution que doit opérer la démocratie. Longtemps encore, je le crains, les relations qu'elle aura à entretenir avec des gouvernements monarchiques et aristocratiques l'obligeront à faire fléchir le droit sous le poids impérieux des circonstances, mais, dès aujourd'hui, elle doit proclamer que les gouvernements comme les particuliers ont pour unique règle de leurs actions la loi des droits et des devoirs ; que la politique n'est pas autre chose que la *morale des sociétés.*

CHAPITRE IV.

DE L'INFLUENCE DE LA DÉMOCRATIE SUR LES RELATIONS EXTÉRIEURES.

M. de Lamartine, à la fin de son manifeste aux puissances, s'exprime ainsi : « La République a prononcé en naissant, et au milieu de la chaleur d'une lutte non provoquée par le peuple, trois mots qui ont révélé son âme et qui appelleront sur son tombeau les bénédictions de Dieu et des hommes : — *Liberté, Égalité, Fraternité !*... Le sens de ces trois mots appliqués à nos relations extérieures est celui-ci : affranchissement de la France des chaînes qui pesaient sur son principe et sur sa dignité ; récupération du rang qu'elle doit occuper au niveau des grandes puissances européennes ; enfin, déclaration d'alliance et d'amitié à tous les peuples. Si la France a la conscience de sa part de mission libérale et civilisatrice dans le siècle, il n'y a pas eu un de ces mots qui signifie *guerre*. Si l'Europe est prudente et juste, il n'y a pas un de ces mots qui ne signifie *paix*. »

La France, je le crains, ne pourra de longtemps encore suivre franchement la voie qui lui est tracée par ce magnifique manifeste et pratiquer cette politique démocratique et chrétienne.

Indépendamment des oppositions extérieures, elle trouvera mille obstacles en elle-même : ils naîtront à la fois du gouvernement et du peuple.

Tant que le gouvernement ne sera pas tout dévoué à la démocratie, tant qu'il conservera quelque arrière-pensée, quelque espérance de baser sa légitimité sur un fondement autre que la volonté souveraine de la nation, il sera par inclination porté à prendre le parti des gouvernements contre les peuples, à sacrifier en toute occasion la cause de ces derniers.

Lorsque, au contraire, la démocratie sera toute puissante dans les conseils de l'État, ses instincts généreux et réfléchis tendront sans cesse à précipiter la France dans tous les périls de guerres ruineuses, souvent inutiles et parfois injustes (1).

Ce dernier écueil, celui qui naît de l'ardeur populaire, est certainement le plus dangereux sous le gouvernement de la démocratie, qui se dirige plutôt par les sentiments que par le raisonnement. Pour l'éviter autant que possible, les Américains ont confié la direction des affaires extérieures aux deux pouvoirs sur lesquels le peuple a l'influence la moins directe, le président et le sénat.

L'Amérique est placée par sa situation aussi bien que par ses intérêts en dehors des passions de l'ancien monde; elle n'a rien à espérer ni à craindre de lui, elle n'a ni amitiés ni haines nationales; cependant, au moment où éclata notre

(1) L'envahissement de la chambre le 15 mai a été le résultat de cette tendance de la démocratie; l'expédition romaine a été le produit de la tendance opposée. La République s'est déjà heurtée aux deux écueils.

première révolution, les sympathies du peuple en faveur de la France se déclarèrent avec tant de violence, qu'il ne fallut rien moins que le caractère inflexible de Wasington et son immense popularité pour empêcher qu'on ne déclarât la guerre à l'Angleterre. La majorité du peuple et des représentants se montra opposée à sa politique ; on le compara au traître Arnold, on l'accusa d'être d'accord avec l'Angleterre et vouloir rétablir la monarchie ; maintenant la nation entière l'approuve (1).

Qu'on juge d'après cet exemple s'il est étonnant que le cœur de la France se gonfle de douleur et d'indignation lorsqu'elle voit lutter en vain contre la tyrannie d'anciens et fidèles alliés, qui tendent vers elle leurs bras employés jadis à la servir et maintenant chargés de chaînes. Ces sentiments de la France sont d'ailleurs à certains égards d'accord avec ses intérêts. Notre démocratie ne se dissimule pas les dangers qui la menacent ; elle n'a pas oublié l'Europe tant de fois coalisée contre elle. La puissance formidable de la Russie,

(1) Tocqueville, *de la Démocratie en Amérique.*

le voisinage inquiétant de l'Autriche, la richesse et l'astuce de l'Angleterre peuvent l'obliger à renouveler les pénibles sacrifices et les miracles d'une époque récente encore. Pour lutter contre ces grandes puissances, ne lui faudra-t-il pas invoquer à son tour ces vaincus, ces opprimés qui l'implorent aujourd'hui ? Les Polonais ne doivent-ils pas un jour lui servir d'avant-garde et les Italiens former l'aile droite de son armée ? La cause des faibles est celle de la France ; elle doit leur tendre la main comme à des frères, qui grandiront autour d'elle et qui la protégeront quand l'heure du danger aura sonné, et elle doit sonner un jour.

Il ne faut pas se le dissimuler, entre le despotisme et la liberté il peut y avoir des trèves, mais la paix est impossible. Tout progrès démocratique ébranle les trônes de l'Europe. Tant qu'il existera au monde des gouvernements monarchiques ou aristocratiques, ils lutteront d'une manière ouverte ou latente contre la République française, et celle-ci, de son côté, conservera contre eux de la haine et de la défiance.

La fin de cette lutte est facile à prévoir pour quiconque sait comprendre les grands événements dont l'Europe est le théâtre. « Tous les pas que fait la France, le monde les fera, » dit un large penseur et un illustre écrivain (1). « Aussi, ajoute-t-il, la politique de la France doit-elle être une politique conductrice et toujours se résumer en deux mots : *ne jamais marcher assez lentement pour arrêter l'Europe ; ne jamais marcher assez vite pour empêcher l'Europe de rejoindre.* »

(1) Victor Hugo, le *Rhin*, conclusion.

LIVRE IV.

DU SOCIALISME.

CHAPITRE PREMIER.

DU POINT DE VUE SOUS LEQUEL IL FAUT ÉTUDIER LE SOCIALISME.

Le socialisme, en prenant ce mot dans sa plus large exception, est une théorie universelle, un système religieux, économique, cosmogonique, complet ; il embrasse et explique tout ce qui existe : Dieu, l'humanité, la nature.

Sous le rapport religieux et philosophique, le socialisme offre à peu près autant de conceptions différentes que d'adeptes ; aussi ne le suivrai-je pas sur ce terrain, qui est sa partie faible, et que le public, plus avide de résultats que de vaines théories, ne s'est guère donné la peine d'étudier.

Au point de vue économique, les systèmes socialistes, malgré leur variété infinie, offrent cependant une certaine unité; tous se proposent le même but, qui est d'assurer à l'homme la plus grande somme de bonheur possible; tous, pour atteindre ce but, veulent augmenter le bien-être matériel, les richesses de l'humanité.

C'est sous ce dernier rapport qu'il faut envisager le socialisme, si on veut l'étudier d'une manière sérieuse, si on veut connaître, non ses ridicules, mais ses forces vives. Je considérerai donc uniquement le socialisme comme un système économique, et, placé à ce point de vue, je chercherai quelle est son origine, sa valeur, son influence sur les progrès de la science et sur le bien-être à venir des sociétés.

CHAPITRE II.

LE SOCIALISME EST UN PROGRÈS DE L'ÉCONOMIE POLITIQUE.

Toute science se compose de deux parties bien distinctes, qui naissent l'une de l'autre, et se complètent réciproquement : la première signale les faits; la seconde donne la loi de ces faits. Les astronomes, par exemple, ont d'abord observé le nombre et la position des corps célestes ; Newton a complété leur science en découvrant la loi qui régit tout l'univers. De même, pour prendre un exemple dans les sciences morales, les premiers historiens se sont contentés de raconter, d'exposer les usages, les mœurs, les actions des différents peuples; dans les temps modernes, Vico, Herder ont cherché à élever la science historique jusqu'à la connaissance des lois éternelles qui régissent l'humanité.

Toute science, quelle qu'elle soit, subit ces divers degrés de développement; elle commence par l'observation des faits particuliers, se continue par l'observation des faits généraux applicables à une grande masse des êtres qu'elle étudie, et arrive enfin à l'étude des lois dont la connaissance doit être son but final.

L'économie politique, peu cultivée chez les anciens, dont le système économique différait entièrement du nôtre, n'est sérieusement étudiée chez les modernes que depuis un siècle et demi environ; on peut la considérer comme une science à peu près nouvelle : il n'est donc pas étonnant qu'elle n'ait été jusqu'à nos jours qu'un recueil d'observations.

J.-B. Say, dans ses premiers ouvrages, dit que

« l'économie politque ne s'est élevée au rang des sciences que depuis qu'elle a fait comme les autres, l'étude *seulement de ce qui est.* » Malgré les progrès remarquables que cet auteur a fait faire à la science, il est certain qu'en partant d'un pareil principe, il ne pouvait s'élever à une grande hauteur de vues. Content de signaler la manière dont se créent, se distribuent et se consomment les richesses dans la société telle qu'elle existe, il ne se demande jamais si les modes actuels sont les meilleurs possibles, si ce qui est, est conforme à ce qui devrait être, s'il n'y a rien à changer, à améliorer dans cette société, où il signale sans s'en émouvoir, et souvent sans les remarquer, tant de vices économiques.

Storch, un des disciples de J.-B. Say, dans son Introduction générale, définit l'économie politique : « la science des *lois naturelles* qui déterminent la prospérité des nations, c'est-à-dire leur richesse et leur civilisation. »

Cette définition a une certaine ampleur ; l'auteur qui la donne semble devoir élargir le domaine de la science économique, mais il n'en est rien ; ce que Storch appelle des *lois*, ce ne sont que des faits généraux, souvent fort contestables comme celui-ci : « Dans tous les pays, le nombre des gens économes et prévoyants l'emporte de beaucoup sur celui des dissipateurs et des prodigues (1). »

En parcourant les ouvrages des économistes, il est facile de s'assurer qu'ils ont admirablement compris et exposé la première partie de la science, celle qui consiste dans l'étude des faits. Les physiocrates soutenaient que toute richesse provient de l'*agriculture;* Adam Smith montra que le *travail*, est une source abondante de fortune pour les peuples ; Ricardo étudia les banques ; J.-B. Say a donné une belle théorie des débouchés ; Storch a porté les derniers coups à l'esclavage ; tous ces auteurs, par leurs travaux, ont rendu à la science d'éminents services, mais ils n'ont nullement entrevu les grands problèmes que doit résoudre l'économie politique. Ils n'ont jamais cherché les lois de la consommation et de la distribution des richesses ; ils ne reportent pas même leur attention sur les faits les plus généraux, sur ceux qui servent de base à tous les autres, sur la *propriété*, par

(1) Introduction générale.

exemple ; ils l'acceptent comme une chose établie, sans examiner son origine, sa constitution, sa légitimité.

La science ainsi comprise est évidemment incomplète et doit atteindre un jour ou l'autre de nouveaux développements.

Pourquoi les richesses sont-elles réparties si inégalement dans le corps social? Pourquoi, malgré les progrès de la fortune publique, y a-t-il toujours des malheureux? Pourquoi le paupérisme s'accroît-il avec les progrès de la civilisation, et quels sont les moyens de mettre un terme à un état de choses aussi déplorable? Ces grandes questions, qui font le tourment de l'époque actuelle, n'ont que médiocrement préoccupé les économistes, et ceux qui les ont entrevues les résolvent en général par les doctrines de Malthus.

Le système de Malthus n'est pas un remède aux plaies de la société, il n'en est qu'un exposé cruel et parfois exagéré. L'auteur de l'*Essai sur le principe de la population* ne fait pas de la thérapeutique, mais simplement de l'anatomie ou de la physiologie sociale; il n'emploie pas une autre méthode que les économistes dont nous avons parlé; il ne cherche pas ce qui doit être, mais ce qui est; il met à nu les imperfections du corps social et érige en lois immuables ces imperfections les plus révoltantes, c'est la fatalité introduite dans l'économie politique : « Un homme qui naît dans un monde déjà occupé, dit Malthus, si sa famille n'a pas les moyens de le nourrir, ou si la société n'a pas besoin de son travail, cet homme n'a pas *le moindre droit à réclamer une portion quelconque de nourriture,* et il est réellement de trop sur la terre. Au grand banquet de la nature, il n'y a pas de couvert mis pour lui. *La nature lui commande de s'en aller,* et elle ne tarde pas à mettre elle-même cet ordre à exécution. »

On le voit, Malthus érige en principe l'égoïsme, la maxime *chacun pour soi ;* il proclame comme une loi le fait le plus déplorable qui ait jamais existé dans le monde, celui en vertu duquel l'Irlande meurt de faim et en vertu duquel le paupérisme s'accroît chaque jour dans tous les États civilisés ; il donne aux peuples chrétiens une règle directement contraire à celle énoncée par leur divin maître : *Tu aimeras ton prochain comme toi-même.*

Un résultat aussi effroyable, auquel venaient aboutir les travaux de tant d'hommes éminents, révolta les consciences. On comprit que l'économie politique était engagée dans une mauvaise voie, qu'elle devait chercher autre part que dans la servile observation un remède aux maux de l'humanité. Dès lors apparurent les économistes que M. Blanqui aîné, dans son *Histoire de l'Économie politique,* appelle *utopistes* ou *sociaux*.

Un changement complet de méthode signale cette ère nouvelle de la science économique : les anciens économistes n'étudiaient guère que ce qui est ; aujourd'hui on étudie de préférence ce qui doit être. Les idées de juste et d'injuste, de liberté, d'égalité et de fraternité ont fait invasion dans le domaine économique, et tout ce qui ne semble pas leur être conforme est impitoyablement attaqué ; la loi absolue est toujours mise au-dessus des faits. Les ennemis même des novateurs leur empruntent leurs armes, leurs méthodes, et contribuent ainsi à affermir la révolution économique que ceux-ci ont opérée. La doctrine de Malthus est désavouée par les uns comme par les autres. C'est en s'efforçant de prouver que le système économique actuel doit conduire aux résultats réclamés par les socialistes, qu'il doit amener de grandes, de sérieuses améliorations sociales, qu'on oppose une digue à l'impétuosité effrayante avec laquelle une partie de la nation s'élance vers les réformes économiques.

Du reste, cette méthode, au moyen de laquelle tant de systèmes étranges, tant d'idées vraies ou fausses, sublimes ou absurdes, sont enfantées de nos jours, n'a rien de nouveau que son application à l'économique. C'est la synthèse qui succède à l'analyse, c'est la science des lois qui vient compléter celle des faits. C'est cette méthode que Fénélon a tâché de faire prédominer en politique sur la méthode analytique de Machiavel.

L'auteur du *Livre du prince* observait les moyens de gouverner de son temps, et il érigeait en principes la violence, la ruse, la cruauté, la tyrannie, tous les vices, tous les crimes des petits princes qu'il prenait pour modèles; Fénélon, sans se préoccuper de la manière dont gouvernait Louis XIV, a cherché dans le christianisme et dans la raison les lois éternelles qui doivent diriger tout gouvernement.

En suivant la même méthode, Daunou a établi, à une époque récente encore, la conformité de la morale et de la politique; il a démontré que la politique doit être la *morale des sociétés*. Une transformation analogue s'opère aujourd'hui dans la science économique.

Les socialistes, quels que soient leur système et leurs errements, ont tous une tendance directe, avouée ou non, à faire prédominer la synthèse sur l'analyse, à placer les principes au-dessus des faits. M. de Villeneuve de Bargemont essaie d'introduire les idées chrétiennes dans le domaine économique; M. de Sismondi, au nom de la justice et de l'humanité, critique amèrement la distribution actuelle des produits; mais le mal lui paraît si grand, qu'il n'ose lui assigner un remède. Saint-Simon, plus hardi, croit avoir trouvé le moyen de régénérer l'humanité dans une nouvelle application du christianisme : « A chacun selon sa capacité; à chaque capacité selon ses œuvres, » tel est le principe qu'il proclame. M. Louis Blanc, au nom de l'égalité absolue, arrive à un résultat diamétralement opposé et réclame l'égalité des salaires. Fourrier va chercher au sein des sphères la loi de l'univers, pour l'appliquer à l'humanité et lui procurer enfin ce bonheur après lequel elle soupire toujours en vain.

En parcourant les systèmes socialistes les plus timides comme les plus hardis, il est aisé de s'assurer que tous partent de principes religieux, moraux ou philosophiques, que tous subordonnent les faits à des lois qui leur sont supérieures.

L'emploi d'une pareille méthode, malgré les écarts dans lesquels il a entraîné un grand nombre d'esprits, est évidemment un progrès. La science économique ne pouvait pas s'astreindre éternellement à l'étude des faits, elle avait une plus noble tâche à remplir.

La société n'est pas immobile, sans cesse elle marche et se développe; son aspect d'hier n'est pas celui d'aujourd'hui; son aspect d'aujourd'hui ne sera plus celui de demain. Prévoir ces transformations successives, les diriger à mesure qu'elles se reproduisent, indiquer les moyens de les opérer sans secousses violentes, tel est évidemment le but de la science, autrement elle serait inutile.

Comme la médecine, elle doit étudier les organes

sociaux, non dans un but de vaine curiosité, mais pour apprendre à les maintenir en santé, à les guérir lorsqu'ils subissent quelque altération.

Le socialisme a rendu à la science l'immense service de ramener la discussion sur les questions vitales, sur les principes fondamentaux dont la notion semblait s'obscurcir chaque jour de plus en plus dans les intelligences. La religion, la famille, la propriété, sortiront victorieuses de cette lutte, qui sera peut-être la dernière qu'elles auront à livrer.

Le socialisme n'est qu'une phase du progrès scientifique, phase que l'économie politique devait nécessairement traverser. Jusqu'ici, le socialisme n'a guère été qu'une cause de trouble et de désordrè pour la société qu'il prétend régénérer; des systèmes absurdes, incohérents, contraires à toutes les conditions de l'existence sociale, sont venus effrayer tour à tour, comme des monstres inconnus, les intérêts faciles à s'alarmer. Il n'y a rien d'étonnant à ce résultat, il est une conséquence inévitable de la méthode puissante que le socialisme livre tout d'un coup à l'esprit humain. Il me semble voir un homme inexpérimenté à qui l'on confierait une locomotive ; il risquerait vingt fois de tomber dans les précipices qui bordent la route, ou de se briser contre les obstacles, avant de savoir la diriger. Il n'y a rien dans les immenses erreurs dont nous sommes témoins qui doive nous faire désespérer des progrès de la science. De tout temps l'esprit humain, avant d'arriver au vrai, a fait de longs détours dans les sentiers obscurs de l'incertain et du faux. Le système de Copernic n'est venu qu'après ceux de Ptolémée et de Ticho-Brahé.

Le point de départ des socialistes a beauconp contribué à les égarer et à rendre infructueux leurs efforts pour arriver la découverte de la vérité; presque tous ont puisé leurs idées fondamentales dans la philosophie du dix-huitième siècle. Cette philosophie incomplète ne leur a appris à connaître que d'une manière imparfaite les éléments essentiels de la nature humaine; l'homme a été trop souvent pour eux une espèce de machine régie par des lois fatales; ils ont méconnu la liberté, nié la responsabilité humaine, altéré la morale, considéré la religion, la famille, la propriété comme des inventions humaines. En un mot, ils sont arrivés à des conséquences plus révoltantes encore que celles de Malthus, dont le fatalisme les avait révoltés. C'est ainsi que des méthodes opposées peuvent conduire à des résultats analogues, lorsqu'elles ne sont pas appliquées d'une manière raisonnable, compréhensive.

On a souvent reproché aux socialistes de procéder d'une manière trop générale, d'aller trop loin chercher leurs principes, d'avoir des théories trop larges ; je leur ferai plutôt le reproche contraire. S'ils n'arrivent pas à trouver la vérité, c'est qu'ils sont exclusifs ; leurs principes, profonds en apparence, ne sont, la plupart du temps, qu'obscurs et superficiels ; leurs théories, loin d'être trop larges, ne sont jamais qu'une vue incomplète des besoins et des aspirations de l'humanité.

Le moyen de combattre l'influence nuisible des systèmes erronés du socialisme, ce n'est pas de les tourner en ridicule, ou de les empêcher de se produire, mais bien de compléter l'œuvre qu'ils ont à peine ébauchée, de trouver la vérité qui leur échappe, de compléter la science économique. La nécessité d'un pareil travail a été reconnue par tous les esprits sérieux et éminents de notre époque ; plusieurs d'entr'eux se sont déjà efforcés de rétablir l'édifice social sur ses bases véritables ; mais il y a loin de ce qu'ils ont fait à ce qui reste à faire ; à peine ont-ils franchi le premier degré ; combien il en reste encore à gravir pour atteindre jusqu'aux sommets lumineux où brille la vérité éternelle !

CHAPITRE III.

D'OU VIENT LA FORCE DU SOCIALISME.

Le socialisme est comme un boulet lancé dans l'espace ; prêt à s'arrêter de lui-même, il rebondit avec une force nouvelle chaque fois qu'il rencontre un obstacle.

Les systèmes socialistes, pour la plupart sans valeur réelle, et par cela même dénués de toute force intrinsèque, ont acquis une puissance énorme par l'opposition maladroite qui leur est faite, par les doctrines vicieuses qu'on leur oppose.

En jetant les yeux sur la société, nous la voyons dévorée par deux fléaux également terribles, le luxe et la misère. Les conservateurs, en défendant l'ordre de choses actuel, prennent parti pour le luxe ; là est le secret de leur faiblesse et de la force du socialisme.

Je n'appelle pas ici luxe, avec Steward, *tout ce qui n'est pas absolument nécessaire pour vivre.* Le luxe est avant tout un fait moral ; c'est, comme le dit J.-B. Say, une espèce d'*ostentation* ayant pour but d'exciter l'admiration, l'étonnement par la rareté, la cherté et la magnificence des objets qu'elle étale.

Le luxe et la misère sont deux choses aussi inséparables que la cause et l'effet ; vouloir détruire l'une en laissant subsister l'autre est une entreprise impossible. Leurs résultats sont identiques pour le malheur de l'homme; ce sont deux chancres qui rongent le corps social, mais le luxe est de beaucoup le plus avide, le plus insatiable des deux (1).

(1) « Le luxe rend les besoins physiques non seulement continuels, mais encore infiniment difficiles à satisfaire, ils sont donc toujours extrêmes. »

L'abbé PLUQUET, *Traité du Luxe.*

Le faste qu'affichent les riches, les demeures magnifiques qu'ils habitent, les laquais dont ils s'entourent, les titres dont ils se parent, les voitures armoriées dans lesquelles ils se montrent en public, l'affectation incessante qu'ils apportent à se distinguer de la foule, à paraître supérieurs aux reste des hommes, tendent à persuader au vulgaire que ces existences exceptionnelles, qui ne lui apparaissent jamais qu'à travers le prisme éblouissant de l'opulence, réunissent toutes les conditions de la félicité suprême.

Le luxe a créé l'inégalité la plus révoltante, celle qui naît d'un côté de l'orgueil, de l'autre de l'envie. Étaler son opulence aux yeux du pauvre, c'est faire entrevoir le radieux soleil au malheureux plongé dans les ténèbres.

Le luxe est l'insolence de la richesse; faites-le disparaître, et avec lui vous aurez renversé la bannière la plus insurmontable entre deux classes rivales depuis le commencement du monde.

Au moyen âge, les classes riches, si peu chrétiennes sous plusieurs rapports, avaient du moins la sagesse de faire dans le monde une place à la misère ; les pauvres s'asseyaient à la table des seigneurs, ils étaient de toutes les fêtes, les châteaux leur offraient une hospitalité assurée.

Jusqu'après le règne de Louis XII, la plupart de nos rois donnèrent l'exemple d'une simplicité toute chrétienne ; mais avec la renaissance, avec la littérature antique, reparaissent les mœurs païennes ; le luxe est en honneur à la cour ; l'établissement d'impôts exorbitants, la dilapidation des finances, une séparation plus profonde entre les classes riches et les classes pauvres, tels furent les résultats immédiats de l'invasion de ce fléau.

Dès ce moment, la noblesse, corrompue par l'exemple des rois, ne se piqua plus de suivre les sages traditions du règne de saint Louis, elle préféra imiter les mœurs efféminées des temps de la décadence romaine. Les mignons d'Henri III, les maîtresses d'Henri IV, ne furent un objet de scandale pour personne ; Louis XIV, qui voulait surpasser en tout ses prédécesseurs, acheva par son faste la ruine de nos finances. Dès lors la vie austère fut tourné en ridicule, le luxe seul eut droit au respect, à la considération. L'argent tint lieu de tout; les places, les dignités furent mises aux enchères. Les anciennes familles quittèrent leurs châteaux pour venir rivaliser d'opulence à Paris; la ruine des patrimoines, l'agiotage, les transactions honteuses, le mépris profond dans lequel tomba la noblesse, furent les conséquences de ce luxe effréné qui épuisa la France et aboutit à la révolution sanglante de 89.

La bourgeoisie, lorsqu'est venu son tour d'occuper les hauts degrés de l'échelle sociale, s'est follement imaginé qu'il était beau de suivre ces mêmes traditions nobiliaires contre lesquelles elle avait fait deux révolutions. Pour suffire à ses besoins de luxe, elle a été souvent obligée de disputer un mince salaire à l'ouvrier, qui, dès à présent, se défie d'elle comme il se défiait jadis de la noblesse; la scission entre les deux classes menace de devenir de plus en plus profonde, et si la bourgeoise persévère dans cette voie, il est à craindre que le faste et la corruption, qui ont détruit l'ancienne aristocratie, ne l'engloutissent à son tour.

Le bon sens populaire professe contre le luxe une

aversiou intelligente, que tous les sophismes du monde ne pourront jamais détruire. Malgré les raisonnements des hommes d'État de nos jours, qui ont imaginé, contrairement à l'écriture, aux théologiens, aux moralistes, aux économistes, que le luxe est un bienfait pour les sociétés, malgré l'exemple des gouvernements monarchiques ou républicains, qui, pour plaire aux boutiquiers de Paris, consomment en bals, en festins, en plaisirs une partie de la fortune publique; malgré la presse, les publicistes et les soi-disant philosophes qui prêchent à notre démocratie l'erreur païenne, le peuple reste fidèle à l'idée chrétienne; il redoute le luxe, il le déteste, et les riches le savent si bien, que chaque révolution démocratique fait immédiament disparaître les signes extérieurs les plus apparents du faste, de l'opulence.

Quelques mois après la révolution de Février, lorsque les chevaux de luxe, les équipages dorés, les laquais à riches livrées, se montraient de nouveau sur les chaussées de Paris, le peuple considérait ce spectacle avec un certain sentiment de tristesse et d'amertume, et les journaux l'accusaient de ne pas comprendre ses véritables intérêts, le peuple aurait pu leur répondre : *Oui, je comprends mes véritables intérêts, et je sais que ce luxe enfante ma misère!...* — « Je n'ai pu séparer deux choses qui marchent toujours ensemble, » dit J.-B. Say au commencement de son chapitre du *Luxe et de la Misère*; en effet, ces deux fléaux resteront à jamais unis, et s'ils doivent périr, ils ne périront pas l'un sans l'autre.

Le jour où la démocratie aura définitivement établi son empire, le luxe disparaîtra, l'aisance sera plus générale, la misère sera moins fréquente, et la seule marque extérieure qui distinguera la pauvreté de la richesse, c'est que celle-ci pourra faire plus de bien, soulager plus d'infortunes.

Je n'ai pas à examiner ici les déplorables conséquences du luxe relativement à la richesses des nations, je voudrais seulement faire sentir ses effets moraux, la haine qu'il soulève entre les diverses classes de la société.

Les riches répètent chaque jour que la société est perdue, parce que les classes inférieures ne sont plus chrétiennes ; ils devraient ajouter qu'eux-mêmes sont moins chrétiens encore que le peuple qu'ils accusent.

La démocratie poursuit incessamment la réalisation du christianisme dans tous ses développements; les gouvernements s'obstinent à ne voir dans la religion qu'un moyen de compression, ils adoptent les idées d'ordre qu'elle renferme et refusent de voir, d'adopter les principes d'égalité, de fraternité qui se lisent à chaque page de la parole divine.

Le luxe a tué la *charité*, la première des vertus chrétiennes (1).

Le peuple croit à la charité, il l'espère, il la veut, et quand il ne la trouve nulle part, il est conduit à chercher dans de vaines utopies ce qu'une société soi-disant chrétienne n'a pu lui donner.

On a trop souvent confondu l'aumône avec la charité; à aucune époque, l'aumône n'a été organisée sur d'aussi larges bases qu'elle l'est de nos jours, et cependant les souffrances sociales n'en reçoivent presque aucun soulagement. L'aumône peut calmer

(1) La sensibilité reste ensevelie dans l'homme de luxe comme dans dans l'indigent que la faim dévore.

L'abbé PLUQUET, *Du Luxe*.

la douleur physique, mais elle n'a point de baume pour la douleur morale, qui est la plus cruelle ; elle assoupit la faim du pauvre, mais en creusant entre lui et le riche un abîme que tout l'or prodigué par ce dernier ne fera jamais qu'élargir.

La charité qui relève le pauvre au lieu de l'abaisser, qui s'assied au chevet de l'affligé, du malade, et leur prodigue, avec le pain de l'aumône, des paroles de consolation et d'espérance ; cette charité, en mémoire de laquelle la reine d'Espagne lave chaque année les pieds à de pauvres vieillards ; la charité chrétienne, en un mot, peut seule calmer l'irritation des classes et arrêter l'horrible invasion du paupérisme.

Que le capital soit charitable, et, loin de songer à l'attaquer, les pauvres le béniront ; qu'il soit charitable, et le socialisme disparaîtra, la mission qu'il se propose étant accomplie. Mais tant que la charité ne sera pas devenue une vertu sociale, l'hydre de l'utopie nous menacera sans cesse sous une forme ou sous une autre, et les canons, les baïonnettes, aussi bien que toutes les armes de l'intelligence, de l'esprit, de la logique, seront impuissantes à la terrasser.

Les socialistes, en prenant parti pour les classes pauvres, en s'occupant de leur sort, en cherchant à réaliser pour elles un avenir meilleur, se sont trouvés, sous certains rapports, les représentants de la charité ; telle a été la source de leur influence.

Plusieurs chefs d'écoles socialistes ont cruellement souffert pour la cause qu'ils soutenaient avec une foi, une ardeur, une persévérance dignes des premiers chrétiens, et de pareilles vertus ont toujours une puissante action sur les masses.

Qui peut lire la vie de Saint-Simon (1), celle de Charles Fourrier, sans être profondément frappé et attendri de leur brûlant amour pour l'humanité, de la vive commisération qu'ils éprouvaient pour les souffrances de leurs semblables, de la patience,

(1) « Depuis quinze jours, dit Saint-Simon dans ses mémoires, je mange du pain et je bois de l'eau ; je travaille sans feu et j'ai vendu jusqu'à mes habits pour fournir aux frais de copie de mon travail. C'est la passion de la science et du bonheur public ; c'est le désir de trouver un moyen de terminer d'une manière douce, l'effroyable crise dans laquelle toute la société européenne se trouve plongée, qui m'ont fait tomber dans cet état de détresse. Ainsi c'est sans rougir que je peux faire l'aveu de ma misère et demander les secours nécessaires pour me mettre en état de continuer mon œuvre. »

de la résignation, de la joie même, avec laquelle ils bravaient la fatigue, la misère, les sarcasmes, le mépris, soutenus qu'ils étaient par la conviction de travailler pour le bonheur des sociétés humaines.

Ces hommes, en dépit de leurs erreurs, sont grands parce qu'ils portaient en eux le sentiment qui seul peut sauver la société, une charité brûlante, qu'ils appliquaient aux individus dans la vie ordinaire et, dans leurs conceptions gigantesques, à l'humanité tout entière.

C'est ainsi que la charité doit être comprise de nos jours.

Cette vertu était inconnue au monde païen : l'aumône seule y était en usage ; le Christ n'avait pas encore appris aux hommes qu'ils sont frères.

Pour un païen, il n'y avait aucune *obligation* de secourir l'homme qui souffrait ; s'il le faisait, c'était par un simple acte de bon plaisir, de gracieuseté, et cet acte s'appelait *grâce*, CARITAS ; il n'existait même pas dans les langues grecque et latine un synonyme du mot *charité*. Bien plus, chez les anciens Romains, la pauvreté était un crime ; le débiteur insolvable, chargé de fer, jeté dans les cachots et, plus tard, mis en vente, quittait la condition d'homme pour passer au rang des choses, cessait d'être libre et devenait esclave.

Le Christ réhabilita la pauvreté ; il enseigna à la terre étonnée qu'il faut aimer son prochain comme soi-même ; que le riche doit au pauvre une portion de sa fortune, de son temps, de ses connaissances, de son amour, et que le pauvre doit en revanche montrer de la reconnaissance, de la résignation, du désintéressement. Ces obligations réciproques sont la base de toute société chrétienne.

Au moyen âge, la charité fut fervente dans quelques âmes, mais la confusion de cette époque ne pouvait permettre de réaliser dans la société les convictions intérieures. Le lien féodal rattachait entre eux les seigneurs et leur imposait des obligations mutuelles; mais tout ce qui était en dehors de la féodalité, c'est-à-dire la population presque entière, n'avait qu'une existence sociale incomplète et des droits à peu près nuls. Les intérêts généraux n'existaient pas; la charité ne produisit rien que comme vertu individuelle ; elle enfanta des institutions utiles, elle ne put amener aucune réforme générale.

De nos jours, la charité doit devenir une vertu sociale. Le respect, la considération dont les premiers chrétiens entouraient la pauvreté non méritée, doivent se retrouver dans nos lois ; les secours, l'hospitalité que le malheureux recevait dans les demeures seigneuriales, doivent lui être offerts par la nation tout entière. Le droit à l'assistance, que proclame la Constitution, n'est pas autre chose que la charité écrite dans nos codes ; la loi sur l'assistance publique est l'aurore d'une ère nouvelle ; c'est la première pierre de l'édifice chrétien qne la démocratie est appelée à construire.

Il est donc vrai de dire, tant les voies de Dieu sont profondes et impénétrables, qu'il est heureux que la charité privée se soit endormie un instant, pour que les hommes fussent amenés à sentir la nécessité de la charité publique. Celle-ci sera aussi supérieure à la précédente, pour le bonheur de l'homme, que la République est supérieure à la féodalité, la Constitution à une charte communale.

LIVRE V.

INFLUENCE DE LA DÉMOCRATIE

SUR LA LITTÉRATURE ET LES ARTS.

CHAPITRE PREMIER.

CONSIDÉRATIONS GÉNÉRALES.

Le beau, selon les expressions de Platon, *est la forme du vrai.* Toute grande vérité devient pour l'artiste une source d'inspiration ; les périodes remarquables de l'histoire, les civilisations égyptienne, grecque, romaine, la renaissance, le siècle de Louis XIV, ont été pour l'art l'occasion d'un brillant développement parallèle à celui de l'intelligence. La phase nouvelle dans laquelle nous entrons fraie aux artistes des voies inexplorées, leur révèle des horizons encore inaperçus. Le vent démocratique qui agite les générations a déjà apporté à l'art d'heureuses inspirations, et son souffle vivifiant fera sans doute surgir à notre époque, avec le progrès rapide et les idées nouvelles, de nobles chef-d'œuvres, du génie du beau.

En vain certains sectaires, qui sacrifieraient volontiers tous les élans généreux de l'âme devant l'abrutissante idole de l'égalité absolue, s'écrient avec Babœuf que l'art est une superfluité et qu'il doit disparaître ; l'art ne périra qu'avec l'homme. De pareilles énormités montrent suffisamment le peu de sens de ces utopistes à vues étroites. Ils veulent tronquer l'homme, le refaire à leur image, et parce qu'ils n'ont jamais compris le charme infini de la beauté, ils s'imaginent qu'il est possible d'arracher du sein des sociétés les principes du beau, qui ne sont pas moins naturels, pas moins nécessaires que les idées de juste, de vrai, d'utile.

Comme un ange égaré sur la terre et toujours prêt à s'élancer vers les sphères supérieures, l'esprit de l'homme, dès qu'il n'est plus complétement absorbé par les préoccupations matérielles, par les soins de l'existence physique, s'élève de lui-même au culte de l'immatériel, à la recherche du beau infini. Si certains peuples, dirigeant principalement leurs idées et leurs efforts vers la guerre, l'agriculture, l'industrie, semblent longtemps privés du sentiment artistique, on peut hardiment prédire qu'arrivés à une certaine phase de leur civilisation, ces peuples verront les germes de l'art éclore dans leur sein, ou qu'ils emprunteront à des peuples plus avancés des productions de l'art qu'ils s'efforceront d'imiter, de reproduire.

Ainsi que le remarque M. de Tocqueville, il ne faut nullement conclure de l'exemple des Américains qu'un peuple démocratique ne saurait avoir du goût pour la littérature et les arts. La situation des Américains est tout à fait exceptionnelle, et il est à croire qu'aucun peuple démocratique n'y sera jamais placé. Leur origine toute puritaine, leurs habitudes uniquement commerciales, le pays même qu'ils habitent et qui semble détourner leur intelligence de l'étude des sciences, des lettres et des arts; le voisinage de l'Europe, qui leur permet de ne point les étudier sans retomber dans la barbarie; mille causes particulières ont dû concentrer d'une manière singulière l'esprit américain dans le soin des choses purement matérielles. Il faut donc bien se garder de voir toutes les nations démocratiques sous la figure du peuple américain, et se persuader que le règne de la liberté et de l'égalité sera loin de s'établir partout de la même manière.

Le vif éclat qu'ont jeté les arts sur certains siècles aristocratiqes porte souvent à croire que jamais, sous une démocratie, ils ne pourront s'élever aussi haut; c'est une grave erreur. La démocratie rend l'aisance et l'instruction à peu près générales; elle met ainsi à la portée du plus grand nombre les jouissances de l'esprit et du goût. Le culte du beau n'est plus, sous son règne, le privilége d'une classe; tous les citoyens sont portés d'eux-mêmes à chercher dans les beaux-arts les plaisirs qu'ils procurent, les nobles sentiments qu'ils enfantent, ou les moyens d'acquérir de la réputation, de la puissance, des richesses.

L'art doit s'élever dans une démocratie à un haut degré d'originalité, de moralité et de puissance. Sous le règne d'un seul ou de quelques-uns, l'artiste est trop souvent entraîné à retracer la beauté moins comme il la conçoit lui-même que sous la forme qui peut plaire à ses puissants protecteurs. La grandeur factice qu'on était convenu de prêter à Louis XIV, l'adulation servile avec laquelle étaient copiées ses moindres actions, ont empreint d'un certaine gêne toutes les œuvres de son époque; suivant l'expression de madame de Staël, la présence du maître s'y fait toujours sentir. L'aristocratie du dix-huitième siècle a laissé la trace de ses vices, de ses ridicules, de ses préoccupations mesquines dans la poésie, la peinture, la sculpture de cette époque; en un mot, loin de servir l'art, le despotisme d'un homme ou d'une classe lui a toujours coupé les ailes, ne lui a pas permis de franchir certaines limites, de s'élever librement dans le domaine de l'infini.

Mais si un homme ou une classe se corrompent facilement et font ainsi dévier l'art de sa véritable voie, il n'en est pas de même d'un grand peuple. Chez l'individu, la passion est souvent mesquine, étroite, parce qu'elle naît de l'intérêt particulier;

chez les masses, les passions ont leur source dans les plus nobles instincts ou tout au moins dans l'intérêt général ; elles ont donc toujours une grandeur, une puissance, une beauté qui sont celles de la nature, de l'humanité elle-même.

Comme les flots de l'Océan, dont les mouvements les plus désordonnés sont soumis à l'empire des lois immuables qui régissent l'univers, les peuples, dans leurs plus grands écarts, ne peuvent s'affranchir des lois de la raison. La vertu, les nobles actions, les pensées sublimes ne sauraient les trouver insensibles, et c'est à cette noble source que l'art doit puiser ses inspirations ; c'est en retraçant les sentiments que Dieu a placés dans le cœur de tous les hommes, qu'il sera compris de tous et qu'il atteindra à la splendeur du beau.

Je dois convenir cependant que de nos jours les masses étant peu éclairées, le type du beau tel qu'elles le conçoivent, aura quelque chose de rude et de grossier ; le fini, la perfection de la forme seraient peu goûtés du peuple, il lui faut avant tout des sujets faciles à comprendre, une action rapide, des drames émouvants. Mais l'éducation de la démocratie se fera peu à peu, son goût se développera; c'est aux artistes à la guider dans la route de l'art, et cette tâche est assez belle pour suffire à leur gloire. En s'efforçant de la remplir consciencieusement, ils seront sans doute forcés de s'écarter parfois de la recherche pure du beau absolu et de céder aux goûts populaires, mais ils seront du moins assurés, en suivant cette route large et spacieux, de ne descendre jamais dans ces lieux bas et fangeux, où s'est souvent égaré l'art sur les traces d'une caste privilégiée.

CHAPITRE II.

POÉSIE, LITTÉRATURE.

A la fin du dix-huitième siècle, au moment où triomphent les idées démocratiques, une révolution, non moins remarquable que la révolution politique, s'opère dans le domaine littéraire. L'éloquence politique, à peu près inconnue en France jusqu'à cette époque, prend naissance au sein des assemblées rdvolutionnaires; la poésie, l'art dramatique se parent de formes nouvelles, s'inspirent d'idées qui, jusqu'alors, leur avaient été tout à fait étrangères.

Je n'examinerai pas ici les chefs-d'œuvre de nos grands orateurs ; il est trop évident que la démocratie seule a pu les inspirer. Sous la monarchie absolue, ils n'eussent pu se produire ; sous le règne d'une aristocratie, quelque éclairée qu'on la suppose, ils n'auraient pas fait éclater cette largeur de conceptions, cette hardiesse de vues qui les rendent l'expression de la pensée de tous les peuples. Aussi leurs discours ont-ils eu un retentissement universel que n'ont jamais obtenu les orateurs les plus éminents des chambres anglaises. Les discours de Mirabeau, de Barnave, de Vergniaud, de Foy, de Camille Jordan, vivront éternellement pour montrer au monde que la source la plus féconde d'inspirations pour l'orateur est l'amour du peuple et le spectacle d'une grande nation luttant incessamment pour conquérir sa liberté,

La révolution poétique et littéraire eut deux chefs, André Chénier et son frère, Marie-Joseph. Le premier fait sortir la poésie du cercle étroit où l'enfermaient les stériles imitateurs des grands écrivains du dix-septième siècle; il la renouvelle, la rajeunit, lui crée une forme nouvelle; le second, tout en conservant religieusement la forme antique, puise ses inspirations dans un nouvel ordre d'idées, dans la pensée révolutionnaire.

C'est par la tragédie que débute Marie-Joseph Chénier, et sous sa plume elle se transforme sans perdre pourtant son allure classique. « Avec lui, dit un de ses biographes (1), plus de confidents, plus de mythologie; l'amour, cette grande passion du théâtre, est même rejeté sous le second plan, sous prétexte qu'il *énerve* l'action. Chénier écrit pour une génération de Spartiates. Des œuvres fortes et nues, un grand but politique et une action simple étaient l'idéal de Chénier; il a fini par l'atteindre dans *Tibère*. »

Pour Marie-Joseph, la tragédie est une tribune révolutionnaire; il cherche moins à peindre la vérité historique qu'à mettre des opinions en présence : *Charles IX*, *Calas* lui furent dictés par la haine du fanatisme; *Fénélon*, qui fut joué peu de jours après la mort de Louis XVI, est un appel à la

(1) M. Charles Labitte.

pitié; *Caius Gracchus* est un plaidoyer en faveur de l'égalité; *Timoléon* est l'exaltation du patriotisme; *Tibère*, une flétrissure de la tyrannie.

Une tendance analogue peut être signalée dans la plupart des drames sérieux de nos jours; presque tous cachent, sous une intrigue plus ou moins habile, un plaidoyer en faveur de quelque idée politique, philosophique ou littéraire. C'est là, on ne saurait le contester, une tendance démocratique. Les tragédies de Racine étaient pleines d'allusions à l'adresse du grand roi. Aujourd'hui les poëtes dramatiques cherchent trop souvent le succès dans une allusion transparente à la controverse du jour, dans une flatterie adroite jetée à la foule. Plus d'un poëte éminent a fait ainsi, peut-être sans s'en apercevoir, de la propagande démocratique et socialiste.

Les hymnes que J.-M. Chénier composa pour les fêtes de la révolution, les chants patriotiques que la victoire lui inspirait, sont pleins de sentiments élevés et purs; c'est là qu'il est vraiment inspiré, c'est là que le tribun disparaît pour faire place au poëte.

Nos soldats ont remporté plus d'une victoire en

entonnant ce chant patriotique qui rappelle les hymnes de Tyrtée :

La République nous appelle,
Sachons vaincre ou sachons périr,
Un Français doit vivre pour elle,
Pour elle un Français doit mourir.

Dans le bel hymne à l'Être-Suprême, écrit au plus fort de la terreur, alors qu'on osait à peine prononcer le nom de Dieu, M.-J. Chénier s'élève au-dessus de son époque et unit heureusement aux idées dé mocratiques les plus nobles inspirations d'une âme religieuse :

Tes autels sont épars dans le sein des campagnes,
Dans les riches cités, dans les antres déserts,
Aux angles des vallons, au sommet des montagnes,
Au haut du ciel, au fond des mers.

. . . .

Les sphères parcourant leur carrière infinie,
Les mondes, les soleils devant toi prosternés,
Publiant tes bienfaits, d'une immense harmonie
Remplissent les cieux étonnés.

. . . .

L'esclave et le tyran ne t'offrent point d'hommage,
Ton culte est la vertu, ta loi l'égalité ;
Sur l'homme libre et bon, ton œuvre et ton image,
Tu souffles l'immortalité.

André Chénier, comme son frère Marie-Joseph, fut d'abord sincèrement attaché à la cause de la révolution. Son ode à David sur le tableau du *Serment-du-Jeu-de-Paume* est un des premiers monuments élevé par la poésie au réveil de la France.

Quelques-unes des strophes de cette ode sont écrites avec une vigueur, une énergie remarquables; on les dirait coulées en bronze; le rhythme de l'ode entière rappelle l'antique; la coupe audacieuse de ses vers, leurs enjambements multipliés, la distinguent entiérement de toute la poésie française antérieure :

Le peuple est réveillé, le peuple est souverain,
Tout est vaincu. La tyrannie en vain,
Monstre aux bouches de bronze, arme pour cette guerre
Ses cent yeux, ses vingt mille bras,
Ses flancs gros de salpêtre, où mugit le tonnerre ;
Sous son pied faible elle sent fuir la terre
Et meurt sous les pesants éclats
Des créneaux fulminant des tours et des murailles
Qui ceignaient son front détesté.
Déraciné dans ses entrailles,
L'enfer de la Bastille, à tous les vents jeté,
Vole, débris infâme et cendre inamimée ;
Et de ces grands tombeaux la belle Liberté,
Altière, étincelante, armée,
Sort...

Mais André Chénier n'était pas né pour le forum et la tribune, les excès de la révolution l'effrayèrent, et sa muse revint au culte paisible de la forme et de l'antiquité. « Si André Chénier avait survécu à la terreur, dit M. Sainte-Beuve, il est à croire que le côté politique, qui fait la moindre partie et comme un accident de son œuvre actuelle, se fût beaucoup accru et développé ; que nous aurions eu de lui plus d'iambes et de nobles invectives, des hymnes guerrières et tyrtéennes , quelque grande et romaine poésie du consulat. Hoche, Moreau, Desaix eussent été magnifiquement pleurés dans de martiales élégies; la Gironde, déjà bien immortelle, eût été idéalisée comme dans un groupe du plus pur marbre antique. Madame Rolland et sa robe de fête sur l'échafaud eussent été chantées comme Charlotte Corday avait pu l'être... »

Quoi qu'il en soit, Chénier fut conduit par l'esprit d'affranchissement général à son époque à briser le moule servile dans lequel se renfermait la poésie ; il la retrempa aux sources pures où avaient puisé Homère et Moschus, et, à ce titre, il peut être considéré comme un puissant révolutionnaire, comme le chef de l'école moderne. Malheureusement, il succomba sans avoir même entrevu son triomphe, et la rénovation littéraire ne s'opéra que longtemps après sa mort.

L'histoire de notre régénération littéraire présente une contradiction singulière. Les partisans de l'innovation en poésie, les romantiques, comme on les a appelés à une époque récente, ont en général soutenu les vieilles traditions politiques, tandis que l'école opposée, l'école classique, a montré souvent un esprit hardi d'innovation en politique et de conservation scrupuleuse dans le goût, dans la forme littéraire. M.-J. Chénier, qui conserva toujours dans ses tragédies la tradition classique, eut à défendre la liberté politique contre Châteaubriand, ce hardi novateur en poésie, ce continuateur de l'œuvre d'André Chénier. Plus tard, Casimir Delavigne célébra sur le rhythme antique la glorieuse insurrection des Hellènes et pléura sur la France en deuil de sa liberté, tandis que de jeunes poëtes, imitateurs d'André Chénier, mettaient au service de la restauration une poésie nouvelle, une muse régénérée, qui, depuis lors, s'inspirant à son tour de la démocratie, a plus d'une fois sur sa lyre brillante chanté le peuple et la liberté.

Auguste Barbier est de tous les poëtes de notre siècle celui qui a peut-être le plus directement suivi les traces de M.-J. Chénier; la politique tient toute la place dans ses œuvres, tout lui est un prétexte à déplorer les maux du peuple et à soupirer vers un avenir meilleur. Mais tandis que Marie-Joseph soutenait le vol de sa muse à une grande hauteur et ne laissait jamais un pli de sa robe sacrée se souiller dans la boue ou dans le sang, Auguste Barbier affecte au contraire de traîner sa poésie dans la fange, et d'allourdir la marche de son vers en le chargeant d'expressions triviales et d'images repoussantes.

L'originalité d'Auguste Barbier consiste en ce qu'il a fait presque exclusivement de la *poésie socialiste;* poésie dont nous trouvons le germe dans le *Caius Gracchus* de Marie-Joseph Chénier, et qui a fourni à Béranger plusieurs morceaux remarquables, par exemple, la chanson du *Vieux Vagabond.*

Il faut que de sa couche
L'homme chasse la faim ;
Il faut à toute bouche
Mettre un morceau de pain.

Ces quelques vers de l'épilogue des iambes de Barbier résument admirablement le caractère de sa poésie, qui est tout matériel par l'image comme par la pensée. Quant au sentiment, il résulte en général, dans ces poésies, de la peinture énergique des souffrances physiques et morales du pauvre, et dans de pareils tableaux, Barbier fait éclater parfois une éloquence poignante; il émeut, il attriste, il serre cruellement le cœur, il fait détester la terre, mais il ne fait pas aimer le ciel, il n'élève jamais l'âme vers ces hauteûrs éthérées, vers ce séjour pur et immatériel, où la transportent les poëtes chrétiens.

Le véritable poëte de la démocratie, celui qui a présenté sous la forme la plus attrayante, la plus facile, souvent la plus sublime toutes les idées de la révolution, est celui dont Châteaubriand a dit : « Sous le simple titre de chansonnier, un homme est devenu un des plus grands poëtes que la France ait produit. Avec un génie qui tient de La Fontaine et d'Horace, il a chanté, lorsqu'il l'a voulu, comme Tacite écrivait. »

A l'appui de cet éloge, l'auteur d'*Atala* cite ces beaux vers :

Vous avez vu tomber la gloire
D'un Illion trop insulté,
Qui prit l'autel de la victoire
Pour l'autel de la liberté, etc.

On pourrait citer vingt chants du même auteur aussi admirables que celui-ci, aussi dignes du noble sujet qui les inspira.

Les odes, les élégies, ou, si l'on veut, les chansons de Béranger sont le véritable titre de la démocratie à la gloire littéraire ; le produit le plus direct comme le plus glorieux, en poésie, de la révolution française.

L'originalité tant vantée de Béranger consiste précisément en ce qu'il s'est fait l'incarnation vivante de la démocratie. Il a chanté la gloire du peuple français, raillé ses ennemis, flétri ses oppresseurs, exalté ses héros. Comme le chœur des tragédies antiques, la voix du poëte s'est toujours fait entendre du peuple, ce grand acteur de notre histoire moderne. A présent que le peuple est souverain, n'est-il pas juste qu'il ait près de lui, comme les chefs antiques, ses bardes pour l'exciter au combat, apaiser ses douleurs, calmer ses colères ou lui rappeler ses devoirs?

La forme adoptée par Béranger est la forme populaire elle-même. La chanson, telle qu'il l'a faite, n'existait pas plus avant lui, que la démocratie n'existait avant 89. Pour trouver quelque chose d'analogue aux poésies de Béranger, il faut remonter à la *Marseillaise* de Rouget de l'Isle. La *Marseillaise* fut l'expression poétique du génie démocratique, expression toute lyrique, comme les premiers chants des anciens peuples. De la *Marseillaise* date la poésie lyrique française; elle n'existait auparavant que comme imitation des anciens et non comme poésie nationale.

Le *Chant du Départ* est également de la poésie lyrique, mais à sa seconde période, à la période réfléchie. On n'y retrouve déjà plus cette inspiration soudaine, cet entraînement invincible, ce désordre involontaire qui font le caractère éminent et la beauté de la *Marseillaise*, paroles et musique.

Béranger, lui aussi, est un poëte lyrique dans toute l'acception du terme, à la manière des anciens poëtes qui chantaient leurs vers au lieu de les réciter. Ses chants séparés de la musique perdent une partie de leur charme et de leur valeur. L'inspiration est naturelle à sa muse, elle n'a jamais rien de recherché ni d'affecté. Béranger, sans imiter les anciens poëtes lyriques, réunit leur genre à tous; comme Anacréon, il chante les festins et les plaisirs; comme Pindare, il célèbre la gloire; comme Horace, il charme les douleurs par une aimable et douce philosophie, mais il ne s'endort jamais, à l'exemple du poëte latin, dans le doux repos de l'esclavage, et il a toujours un soupir vers la liberté, une malédiction ou une épigramme mordante pour les tyrans.

Pour résumer en quelques mots ce rapide et superficiel examen, je dirai que depuis 89 la poésie a subi une rénovation complète dans le fond et dans la forme.

En général, on n'attribue pas cette révolution

littéraire au progrès démocratique; je crois cependant qu'elle en est sortie tout entière.

Une révolution ne peut s'opérer d'une manière partielle; toutes les grandes transformations de l'art, de la poésie, de la littérature ont correspondu à des changements politiques et sociaux; les préjugés, la routine ne disparaissent pas d'une branche de l'activité humaine, sans que ce progrès n'influe utilement sur tous les autres rameaux de l'arbre social.

Si l'esprit libéral et démocratique n'avait pas affranchi l'intelligence et la pensée, elles seraient restées au fond des mêmes ornières, et la poésie eût roulé sans cesse dans la stérile imitation de l'antiquité.

Assez d'illustres écrivains ont signalé l'heureuse influence de la liberté sur les lettres, pour que je n'aie pas besoin de rappeler cette démonstration, qui est devenue aujourd'hui un lieu commun littéraire. L'*égalité* n'a pas produit de moins heureux effets; seulement, jusqu'à ce jour, ils ont été moins remarqués.

Dans le siècle de Louis XIV, nous avons eu une littérature admirable, mais essentiellement aristocratique. Avec les progrès de l'égalité, notre littérature est devenue *nationale*. Les plus grands écrivains du dix-septième siècle, lorsqu'ils prenaient la plume, avaient toujours en vue le roi et la cour; les écrivains du dix-huitième siècle songeaient à la noblesse ; les auteurs d'aujourd'hui écrivent pour la nation tout entière. Les beaux-arts ne sont plus un privilége, ils appartiennent à tout le monde, comme les droits politiques.

Il est remarquable que toutes les grandes guerres de Louis XIV n'ont pas inspiré un seul chant patriotique, et que, dès le commencement de la révolution, nous avons eu des hymnes nationaux, les plus beaux peut-être du monde ancien et moderne. Sans les progrès de la démocratie, nos poëtes actuels n'auraient jamais pu être ce qu'ils sont, les plus nobles faces de leur talent seraient restées dans l'ombre, et, à cour sûr, Béranger n'eût pas été possible; il faut qu'un peuple ait une existence puissante, de nobles sentiments, des idées généreuses, un cœur et une intelligence bien développés, pour qu'un poëte aussi profondément national surgisse et consacre sa vie, son talent, sa muse féconde à traduire en langue poétique tout ce que ce peuple sent et veut, tous ses regrets, toutes ses aspirations. C'est là un spectacle aussi nouveau dans l'histoire du monde que le triomphe de la démocratie telle que nous la comprenons.

En ouvrant les œuvres de nos poëtes modernes, il est facile de s'assurer que tous, un jour ou l'autre, ont écouté la voix de la muse populaire qui inspirait Béranger (1). Un grand nombre de pages des poëmes de Lamartine, ses discours ruisselants des perles de l'éloquence et de la poésie; la conclusion du livre du *Rhin*, de Victor Hugo, plusieurs de ses drames et de ses poésies suffisent pour prouver quelles puissantes et larges inspirations la poésie aura à puiser dans cette source féconde qu'on appelle l'idée démocratique; source qui commence à peine à jaillir et où il a été possible de recueillir de pareils trésors.

(1) Ainsi que le remarque M. Tocqueville, les poëtes des siècles démocratiques sont conduits à envisager l'homme d'une manière abstraite. Child-Harold, René, Verther, Jocelyn, sont des types, des images de l'humanité tout entière, plutôt que des personnages individuels. Sous une aristocratie, l'individu jouant un grand rôle, l'esprit s'élève difficilement à la conception des types. L'égalité élargit donc les idées poétiques, elle rend les objets de la poésie moins nombreux peut-être, mais plus vastes.

CHAPITRE III.

DE LA PEINTURE.

L'école française, immortalisée par les chefs-d'œuvre du Poussin, de Lesueur, de Claude Lorrain, de Philippe de Champaigne, vit pâlir leur éclat sous leurs successeurs. Boulogne, Lebrun, Mignard, Santerre, ne purent égaler les grands maîtres sur les traces desquels ils s'efforçaient de marcher. Dès la seconde partie du règne de Louis XIV, au moment où les lettres brillaient du plus vif éclat, l'art était en pleine décadence, et les vices inhérents à la peinture des siècles aristocratiques se développaient rapidement.

Une société aristocratique n'est pas un milieu où l'art s'épanouisse librement. Quelques hommes supérieurs peuvent, en s'isolant de leurs contemporains et à force de génie, enfanter des productions remarquables; mais, dans un monde de convention, l'art ne tarde pas à devenir une chose de convention ; au lieu de viser au beau idéal, il choisit de préférence le genre de beauté à la mode, celui qui peut flatter le goût blasé et capricieux des Mécènes du jour.

Dans les tableaux de Lebrun, comme dans les tragédies de Racine, il semble qu'on sente partout la présence du grand roi. Tout y est compassé, soigné, irréprochable ; mais la beauté de ces œuvres, quelque grande qu'elle soit, a un caractère fatigant d'uniformité. Sans doute la correction qu'on y remarque doit être sans cesse imitée, mais à la condition de ne pas exclure la variété de la forme, l'indépendance, la hardiesse de la pensée.

Les élèves de Lebrun exagèrent encore les défauts de leur maître. Le bel esprit domine bientôt dans la peinture comme dans la poésie. De petites conceptions, des idées bizarres et mesquines, un dessin lâche, incorrect, des poses maniérées, forment l'ensemble des tableaux de l'époque. Les carnations roses de Baucher et les *Bambochades* de Watteau furent l'idéal du beau pour les bergères fardées et les nobles céladons du règne de Louis XV. Un seul homme sut se préserver de la corruption universelle : Vernet s'inspira dans ses marines et dans ses paysages du grand spectacle de la nature, et il sut la rendre avec une vérité idéale, qui lui assigne une place non contestée à côté de l'immortel Claude Lorrain.

Vers la fin du dix-huitième siècle, le génie démocratique, avant de surgir à la lumière, préparait laborieusement les hommes qui devaient le faire triompher à la fois dans toute la sphère de l'activité humaine. Vien, que ses contemporains ont surnommé le *Régénérateur de la Peinture*, ouvrait à l'art une nouvelle voie et ramenait les artistes à l'étude de l'antiquité, à un coloris vrai, à un dessin pur et vigoureux. Sans doute son école est loin encore de la perfection, mais elle surpasse antant la grâce minaudière des Watteau et des Boucher, que les vues politiques des conventionnels surpassèrent celles des courtisans de Louis XV.

La nation, lasse du genre maniéré, cherchait en tout et partout la simplicité, la vérité. Les mœurs relâchées des derniers temps de la monarchie amenaient une réaction en faveur des mœurs simples et pures. Les premiers tableaux de David obtinrent le même succès éclatant que les tragédies de Chénier. *Le Serment des Horaces, la Mort de Socrate*, *Brutus rentrant chez lui après la condamnation de ses fils,* toutes ces œuvres, si incomplètes au point de vue de l'art, mais si admirablement pensées, si on les compare à celles des peintres qui avaient précédé, excitèrent un enthousiasme universel. La génération corrompue allait s'éteindre, une génération nouvelle, pure, démocratique, enthousiaste de la liberté et des grandes choses, lui succédait et demandait à l'art des productions fortes et nues, des scènes austères comme les mœurs spartiates qu'elle voulait ressusciter.

David a souvent pris pour sujet de ses tableaux des événements contemporains ; il a ainsi montré tout le parti que peut tirer la peinture des passions démocratiques des grands mouvements populaires. Dans son *Serment du Jeu-de-Paume*, cette immense composition qui n'a jamais été achevée, il faut admirer un mouvement, un entraînement qui passionnent le spectateur et lui font partager le noble enthousiasme dont l'assemblée est pleine. Le peuple se presse autour de la salle, l'orage gronde à l'extérieur, tout contribue à imprimer à cette scène historique un caractère de grandeur analogue aux immenses résultats qu'elle a produits. Il semble que la France entière se presse pour entendre cet auguste serment et que les éléments même en soient émus.

Marat assassiné, ce hideux cadavre inclinant la tête et montrant sa large plaie au-dessus d'un bain de sang, est la plus terrible réalité que le pinceau d'un peintre ait jamais retracée. Il y a loin de la nature de convention des Lebrun et des Mignard à cette peinture hardie de ce que la nature peut offrir de plus repoussant. Bien que de pareils sujets soient loin d'être le but suprême de l'art, j'ose dire qu'en comparant le *Marat* de David à la plupart des peintures du dix-huitième siècle, tout l'avantage est du côté du peintre démocratique. Avant de s'élever jusqu'à l'idéal, il faut avoir la force de comprendre le réel, et dans cette peinture, David l'a compris et retracé d'un pinceau supérieur.

De nos jours, de nombreux artistes se sont élancés sur les traces de David ; corrigeant sa sécheresse académique, revenant à la lumière, au naturel et à la couleur, ils ont retracé avec verve, avec chaleur les scènes contemporaines, les grandes épopées militaires de l'empire, les épisodes pittoresques de la guerre d'Afrique. De pareils sujets captivent le peuple, qui, longtemps effacé de la scène politique, aime à se retrouver dans les camps. Ils lui inspirent en même temps le goût de l'art et un vif sentiment d'amour pour une patrie qui porte partout dans le monde, avec sa gloire, les germes de la liberté, les semences de la civilisation.

La démocratie n'appartient pas à un pays plutôt qu'à un autre; son caractère distinctif est de proclamer la fraternité entre tous les peuples; les artistes, en s'inspirant d'elle, sont ainsi conduits, pour peu que leur esprit soit vaste et éclairé, à envisager l'homme en général, à le reproduire comme type plutôt que comme individu, à retracer des sentiments et des idées qui intéressent l'humanité tout entière.

Les anxiétés de l'homme de notre siècle, cherchant vainement au milieu des révolutions le but inconnu vers lequel le conduit la Providence, la tristesse immense qui pesait sur Werther, sur René, sur Obermann, ont inspiré des toiles admirables. Les naufragés de la *Méduse*, ces hommes ballottés sur un frêle radeau, au milieu de l'Océan, et n'ayant d'autre espoir de salut que les signaux que fait un pauvre nègre, ne sont-ils pas l'image de la société actuelle, agitée au milieu des vagues de l'inconnu et obligée, pour ne pas périr, de se jeter entre les bras des esclaves, des serfs d'autrefois? Une délicieuse composition de Gleyre, dans laquelle un homme assis sur le rivage contemple avec une rêverie mélancolique ses illusions, qui glissent loin de lui sous la forme de belles et riantes jeunes filles, me semble rendre d'une manière admirable le sentiment de tristesse immense, de regrets, d'aspirations infinies, particulier à notre siècle. Ce même sentiment a inspiré le *Départ des Pêcheurs,* ce tableau si simple et si sublime, où le peintre semble avoir condensé, dans quelques personnages, dans les membres d'une pauvre famille, toutes les douleurs que l'âme humaine peut ressentir.

CHAPITRE IV.

DE LA SCULPTURE.

Il y a dans la beauté parfaite deux éléments, l'un matériel, l'autre spirituel. Le premier, que j'appellerai la beauté physique, consiste dans la perfection des formes ; le second, qu'on désigne ordinairement sous le nom de beauté morale, naît de l'idée qui doit se manifester dans toute œuvre sérieuse.

L'art poursuit sans cesse la réalisation de ces deux genres de beauté, qui ne peuvent jamais être séparés entièrement, sans que cette séparation n'atteste la décadence et la corruption du goût. Dans l'antiquité, les artistes ont en général étudié de préférence l'élément physique; au moyen âge, ils se sont préoccupés davantage de l'élément moral; lorsqu'ils sont parvenus à unir dans un ensemble harmonieux et à porter à un haut degré de perfection les deux genres de beauté, ils ont enfanté des chefs-d'œuvre; telle est la Vénus pudique, telles sont les vierges de Raphaël.

Le sentiment exquis de la beauté de la forme suppose un goût très-développé, et qui ne peut guère devenir général que dans une société à peu près oisive, adonnée exclusivement au culte du beau, telle enfin qu'ont été les aristocraties de l'ancienne Grèce, et, dans les temps modernes, quelques villes de l'Italie. De longtemps les grandes démocraties modernes ne se trouveront dans des conditions favorables au développement de cette partie de l'art, mais elles lui fraient de nouvelles voies dans lesquelles il est déjà hardiment entré.

A la démocratie naissante comme aux peuples primitifs, il faut des œuvres grandioses, immenses, imposantes comme les événements dont le monde est chaque jour le théâtre. Le peuple apprécie moins le fini des formes que la vigueur de l'expression ; il demande que les œuvres d'art réveillent au premier aspect quelqu'un des sentiments qui sont aujourd'hui dans toutes les âmes.

L'Arc de Triomphe de l'Étoile est peut-être l'expression la plus vraie qui existe encore de l'art monumental tel que le comprend de nos jours la démocratie. Ses proportions gigantesques ne sont qu'analogues aux grands souvenirs qu'il retrace ; chacun de ses bas-reliefs est un souvenir de gloire, ou la traduction fidèle d'un sentiment populaire.

Ces sculptures sont sans doute bien loin d'égaler la perfection des frises du Parthénon, mais elles ont peut-être plus d'expression et de vigueur. Il ne faut pas du reste oublier qu'elles ne sont que les premiers essais d'un art qui commence à peine à naître. L'Arc de Triomphe est dans l'histoire de l'art démocratique ce que furent pour l'antiquité les monuments de l'ancienne Égypte, magnifiques de grandeur et de majesté, mais loin encore de la beauté infinie de l'*Apollon* et du *Laocoon*.

Le *Spartacus* de Foyatier offre un admirable exemple des inspirations que peut fournir le génie démocratique ; il prouve en même temps quel rôle immense la beauté morale doit jouer dès à présent dans le développement artistique.

Quelque remarquables que soient les formes du *Spartacus*, sa véritable beauté consiste évidemment dans les sentiments d'indépendance, d'indignation contre la tyrannie, que son aspect réveille. La noble expression de la tête, l'attitude du corps, ces chaînes brisées, ce glaive que serre une main contractée par l'indignation, tout concourt merveilleusement à produire l'effet voulu par l'artiste ; pour lui la forme n'a été qu'un moyen de traduire l'idée.

Spartacus est le type idéal des peuples modernes brisant leurs fers et saisissant l'épée pour conquérir ou défendre leurs droits.

CONCLUSION.

CONCLUSION.

Parmi les débris croulants de toutes les vieilles institutions, le flot démocratique monte, monte sans cesse : nous apporte-t-il le ravage ou la fécondité, la civilisation ou la barbarie ?

Au point de vue historique, le progrès incessant de la démocratie est l'événement le plus constant, le plus saillant de notre histoire nationale ; nous devons donc l'accepter comme un fait providentiel, le seconder au lieu de le combattre.

Au point de vue religieux, le triomphe de la démocratie est le triomphe même du christianisme, sa réalisation dans la vie civile, dans les mœurs, dans les lois, dans toutes les institutions sociales qui, aujourd'hui encore, se rattachent par tant de liens au paganisme.

En politique, la démocratie assied le pouvoir sur sa seule base légitime, la souveraineté de tous ; elle substitue, dans leurs rapports réciproques, la justice, le droit, à la ruse, à la violence; elle fonde à jamais l'égalité entre les citoyens, la fraternité entre les peuples.

Sous le rapport social, la démocratie élargit le domaine de la science économique, la subordonne à la morale, à la religion, inscrit un grand principe chrétien, la *charité*, en tête de toutes les réformes économiques.

Au point de vue artistique, la démocratie a déjà opéré une régénération littéraire et poétique. Comme toutes les grandes vérités, comme toutes les institutions durables, elle ouvre à l'artiste, au poëte des horizons inconnus, elle leur fraie une carrière remplie des plus nobles sujets d'inspiration. L'art, sous le régime démocratique, cesse d'être un privilége, il est à tous et pour tous, il s'agrandit aux proportions de l'humanité.

Le triomphe progressif de la démocratie est donc un grand bienfait pour la France, pour le monde entier, ou plutôt il est la condition même de l'existence, de la vie des nations modernes.

« La République française est comme le soleil, » disait autrefois un jeune héros ; on peut appliquer ces paroles à la démocratie, cette mère de nos deux Républiques. Aveugle qui ne voit pas ses rayons bienfaisants vivifier le monde, réchauffer le sang de sociétés vieilles, auxquelles ils apportent une vie nouvelle.

FIN.

TABLE.

LIVRE III.

DE LA POLITIQUE DÉMOCRATIQUE.

LIVRE IV.

DU SOCIALISME.

LIVRE V.

INFLUENCE DE LA DÉMOCRATIE SUR LA LITTÉRATURE ET LES ARTS.

Montmartre. — Imp. Pilloy frères et comp.

www.ingramcontent.com/pod-product-compliance
Ingram Content Group UK Ltd.
Pitfield, Milton Keynes, MK11 3LW, UK
UKHW021042200726
13857UKWH00003B/772